C.H.BECK ■ WISSEN

in der Beck'schen Reihe

Die Balkanhalbinsel hat von der Antike bis zur Gegenwart eine wichtige Brückenfunktion zwischen «Europa» und dem «Orient» wahrgenommen und sich zu einer faszinierenden Kulturlandschaft eigener Prägung entwickelt. Edgar Höschs geraffter Überblick über die Geschichte der Balkanhalbinsel bringt dem Leser Eigenart und Besonderheiten dieser Region nahe.

Edgar Hösch ist Professor em. für die Geschichte Ost- und Südosteuropas an der Universität München. Von ihm liegt bei C. H. Beck vor: *Geschichte der Balkanländer. Von der Frühzeit bis zur Gegenwart* (42002).

Edgar Hösch

GESCHICHTE DES BALKANS

Verlag C. H. Beck

Mit 4 Karten

Originalausgabe
© Verlag C.H. Beck oHG, München 2004
Gesamtherstellung: Druckerei C.H. Beck, Nördlingen
Umschlagmotiv: Mostar (Herzegowina), Brücke,
Maler unbekannt © akg-images
Umschlagentwurf: Uwe Göbel, München
Printed in Germany
ISBN 3 406 50856 1

www.beck.de

Inhalt

I. Grundlagen und Voraussetzungen
Südosteuropa, Balkanhalbinsel, Balkan ... 7
Historische Balkanforschung im deutschsprachigen Raum ... 9

II. Der Balkan als europäische Geschichtsregion
Natur und Geschichte ... 13
Die Bevölkerung ... 15
Einheit und kulturelle Vielfalt ... 24
Externe Raumkonstellationen ... 28
Zwischen Fremdherrschaft und Selbstbestimmung ... 31
Der christliche Balkan ... 34

III. Mittelalter und Türkenzeit
Mittelalterliche Balkanreiche ... 40
Pax Ottomanica – der islamische Balkan ... 45
Europa und die «Orientalische Frage» ... 48

IV. Auf dem Weg zum Nationalstaat
Selbstbestimmungsrecht und europäische Sicherheitsinteressen ... 55
Anpassungsprobleme einer nachholenden Modernisierung ... 61
Krieg und Frieden – Das Versailler System ... 73
Zwischen Demokratie und Volksdemokratie ... 81

V. Der Balkan nach 1945
Das kommunistische Experiment ... 86
Die Rückkehr nach Europa ... 94
Der Balkan als europäische Kulturlandschaft ... 98

Anhang
Zeittafel 112
Südosteuropa im Internet 115
Literatur 118
Karten 122
Personenregister 126

I. Grundlagen und Voraussetzungen

Südosteuropa, Balkanhalbinsel, Balkan

Der Raumbegriff «Südosteuropa», der mit einer sehr vagen Richtungsangabe eine historische Landschaft an der Peripherie Europas benennt, hat sich sowohl in der öffentlichen Wahrnehmung wie auch im wissenschaftlichen Diskurs erst sehr spät durchgesetzt. Im allgemeinen Sprachgebrauch konkurriert Südosteuropa als Regionalbezeichnung heute immer noch mit dem Begriff des Balkans. Dieser hat sich in einer breiteren mitteleuropäischen Öffentlichkeit trotz oder gerade wegen seiner pejorativen Konnotationen als griffigere Benennung eingebürgert. Der Balkan ist nach diesem Verständnis mehr als eine historische Region am Südostrand des europäischen Kontinents. Er ist gleichzeitig zum Synonym für eine typische Krisenregion und ein sprichwörtliches «Pulverfaß» geworden. «Balkanische Zustände» beschreiben eine archaische Welt der Rückständigkeit, der blutigen Stammesfehden, der politischen Morde und der Blutrache, des Paternalismus und Klientelismus, der verbreiteten Korruption und der mafiösen Strukturen, der mangelnden öffentlichen Ordnung und des Machtmissbrauchs der herrschenden Eliten. Seit den umstrittenen Grenzziehungen der Siegermächte am Ende des Ersten Weltkrieges, die eine instabile, durch Revisionsforderungen gefährdete und minderheitenfeindliche Kleinstaaterei herbeigeführt haben, ist die Bezeichnung «Balkanisierung» zu einem festen Bestandteil im politischen Vokabular geworden. Von der Mehrheit der Bevölkerung in der Region selbst wird der Balkan-Begriff aus verständlichen Gründen abgelehnt. Nur die Bulgaren verstehen sich als ein genuines Balkanvolk und verwenden den Balkanbegriff im Alltagsleben in vielen Variationen (Balkantourist, Balkan Airlines, Balkanska Banka, Balkanküche etc.) als regionales Markenzeichen.

Der Name «Balkan» ist der türkischen Sprache entlehnt. Das Wort bezeichnet in seiner ursprünglichen Bedeutung ein bewaldetes Gebirge oder einen Gebirgszug. Es fand in der Zeit der Osmanenherrschaft im geographischen Vokabular der einheimischen Bevölkerung eine spezifische Verwendung für den markanten Gebirgszug, der in west-östlicher Richtung quer durch Bulgarien verläuft und das nördliche Donaubulgarien vom südlichen Hochbulgarien abtrennt. Der «Balkan» ersetzte den aus der Antike überlieferten Namen «Haemus» (griech. Haimos). Die Bulgaren nennen das Balkangebirge «Stara planina», d.i. altes Gebirge. In der übertragenen Bedeutung als Großraumbegriff für die gesamte südosteuropäische Region ist die Bezeichnung «Balkanische Halbinsel» erstmals Anfang des 19. Jahrhunderts von dem Berliner Geographen August Zeune in den wissenschaftlichen Diskurs eingeführt worden, konnte aber zunächst die geläufigere Bezeichnung «Europäische Türkei» nicht verdrängen, die besser an die realen politischen Gegebenheiten angepaßt war.

Die genauere geographische Eingrenzung der südosteuropäischen Geschichtsregion ist ebenso umstritten wie ihre Zuordnung zu längerfristigen historischen Entwicklungszusammenhängen. Zu den Feinheiten einer begrifflichen Unterscheidung von Südosteuropa, Donauraum und Balkan liegen aus den Einzelwissenschaften – von den Geowissenschaften, der Anthropogeographie und Pflanzengeographie, der Geopolitik und der Politikwissenschaft über die allgemeine Sprach- und Literaturwissenschaft, die Kunst- und Musikwissenschaft bis hin zu den Wirtschaftswissenschaften und der Ethnologie – sehr unterschiedliche Stellungnahmen vor. Sie lassen in ihrer Bandbreite keine fachübergreifende Übereinstimmung erkennen. Der Frontverlauf des Kalten Krieges hat es zudem über mehrere Jahrzehnte nahegelegt, Kategorisierungen nach ideologischen Vorgaben zu wählen, die auf eine Akzentuierung balkanischer Gemeinsamkeiten verzichteten und Griechenland und die Türkei einem mediterranen «Südeuropa» innerhalb des freiheitlichen westlichen Staatensystems zuordneten. In der postsozialistischen Zeit gewinnt angesichts der anstehenden EU-Erweiterung und der erkennbaren wirtschaftlichen und gesellschaftlichen Transformationsprobleme und der offenkundigen Demokratisierungsdefizite in den potentiellen ostmitteleuropäischen und südosteuropäischen Beitrittsländern die historische Zugehörigkeit zum westlichen Kulturkreis ein besonderes Gewicht. Die notwendige Neuformulierung eines tragfähigen Europakonzepts provoziert kontroverse Diskussionen um Inklusionen und Exklusionen entlang kultureller Trennlinien, die quer durch die Balkanhalbinsel verlaufen und in ihren Ursprüngen teilweise bis zur römischen Reichsteilung des Jahres 395 n. Chr. zurückgeführt werden. Das Schlagwort vom «Zusammenprall der Kulturen» (Samuel P. Huntington) ist allerdings in diesem Zusammenhang für eine adäquate Beschreibung komplexer historischer Sachverhalte wenig hilfreich. In den Diskussionen um den Balkanismus-Begriff zeigt sich «Europas bequemes Vorurteil» (Maria Todorova). Es verleitet zu einer «Ghettoisierung des Balkans» und zu weitergehenden ideologiebefrachteten Überlegungen, die auf eine Ausgrenzung des Islams und der Orthodoxie aus einer alteuropäischen Werte- und Rechtsgemeinschaft abzielen.

Historische Balkanforschung im deutschsprachigen Raum

Folgt man dem französischen Kulturgeographen André Blanc, dann ist der Balkan mehr ein Problem als eine Region. Ungeachtet der wenig ermutigenden Bilanz einer langen Forschungsdiskussion um inhaltliche Präzisierungen des Balkanbegriffes hat sich mit guten Gründen innerhalb der Geschichtswissenschaft im deutschsprachigen Raum eine speziell auf Südosteuropa ausgerichtete Fachrichtung etablieren können. Sie leitet ihre Berechtigung aus der pragmatischen Erkenntnis her, daß sich der Donau- und Balkanraum in vielen Bereichen als eine eigenständige Geschichtsregion mit unverwechselbaren Eigenheiten wahrnehmen läßt. Ein tieferes Verständnis seiner wechselvollen Geschichte setzt zusätzliche sprachliche und fachliche Qualifikationen voraus, die im traditionellen Geschichtsstudium nur an wenigen Universitäten erworben werden können. Auf Geschichte und Gegenwart Südosteuropas ausgerichtete Lehrveranstaltungen und die notwendigen Lektorate zur Sprachausbildung werden heute in der Bundesrepublik nach einer jüngsten Erhebung der Südosteuropa-Gesellschaft im wünschenswerten breiteren Umfange vornehmlich an den Universitäten in Berlin, Bochum, Bonn, Hamburg Köln, Leipzig und München angeboten. In Österreich sind vor allem Wien und Graz, in der Schweiz Zürich und Basel als Standorte wissenschaftlicher Einrichtungen zu nennen.

Wichtige Teilbereiche der Balkanforschung werden von der Sprachwissenschaft und der Volkskunde (Europäischen Ethnologie) betreut. Die Spezialdisziplin der Balkanologie bzw. Balkanlinguistik untersucht gemeinsame Strukturen der einzelnen Balkansprachen (sog. Balkanismen), die sich als Ergebnis eines jahrhundertelangen Zusammenlebens und als Folge konvergenter Sprachentwicklungen ergeben haben. Die dauerhafte institutionelle Verankerung einer breiter angelegten interdisziplinären Südosteuropa-Forschung, die einen größeren Teil des gesamten Spektrums der einschlägigen Sprach- und Literaturwissenschaften von der Albanologie, Byzantinistik und Neogräzistik, Hungarologie, Rumänistik, Südslawistik und Osmanistik/Turkologie bis hin zu den Spezialfächern der Orthodoxen Kirchenkunde, der Islamstudien, der südosteuropäischen Volkskunde und der auf Südosteuropa bezogenen Judaistik sowie der Wirtschaft-, Rechts- und Politikwissenschaft einschließt, findet sich an den deutschsprachigen Universitäten nur an wenigen Standorten. Ein weiterer Ausbau ist trotz der anstehenden Probleme, die sich unweigerlich bei der Umsetzung des Stabilitätspaktes in Südosteuropa und der Fortführung der geplanten Ost-Erweiterungen für die europäische Staatengemeinschaft einstellen werden, vorerst nicht mehr zu erwarten. Außeruniversitäre Forschungseinrichtungen wie das 1930 gegründete Südost-Institut in München nehmen daher innerhalb und außerhalb der Bundesrepublik unverzichtbare Koordinierungsaufgaben wahr. Eine vergleichbare Stellung haben in Österreich das «Österreichische Ost- und Südosteuropa-Institut» (OSI) und das «Institut für den Donauraum und Mitteleuropa» (IDM) – beide in Wien – sowie das auf anthropologische Studien konzentrierte Forschungszentrum «Center for the Study of Balkan Societies and Cultures» (CSBSC) an der Universität Graz inne. Die Vermittlung zwischen Wissenschaft und Öffentlichkeit in der Bundesrepublik Deutschland hat sich die 1952 gegründete und in München ansässige «Südosteuropa-Gesellschaft» zum Ziel gesetzt. Sie unterhält Zweigstellen in zahlreichen Universitätsstädten, organisiert Fachtagungen und berichtet regelmäßig in den «Südosteuropa Mitteilungen» über aktuelle Entwicklungen in den südosteuropäischen Staaten. Für die aktuelle Politikberatung bieten in der Bundesrepublik Deutschland insbesondere die Mitarbeiter der «Stiftung für Wissenschaft und Politik. Deutsches Institut für internationale Politik und Sicherheit» (SWP) in Berlin und das «Centrum für angewandte Politikforschung» (CAP) in München die notwendige Südosteuropa-Kompetenz an. Weitere unmittelbar mit Südosteuropa befaßte wissenschaftliche Einrichtungen sind in München das «Ungarische Institut», das die Fachzeitschrift «Ungarn-Jahrbuch. Zeitschrift für die Kunde Ungarns und verwandte Gebiete» (seit 1969) und die Schriftenreihe «Studia Hungarica» herausgibt, und das «Albanien-Institut» (gegründet 1962) mit der Schriftenreihe «Albanische Forschungen». Spezielle Forschungseinrichtungen, die sich schwerpunktmäßig der weit in die Vergangenheit zurückreichenden wechselvollen Geschichte der Deutschen in Südosteuropa widmen, sind die «Südostdeutsche Historische Kommission» beim Johann-Gottfried-Herder-Forschungsrat und das «Südostdeutsches Kulturwerk» in München mit dem im Jahre 2001 neu gegründeten «Institut für deutsche Kultur und Geschichte Südosteuropas» (IKSG).

Über die aktuellen Ergebnisse der historischen bzw. gegenwartsbezogenen Südosteuropa-Forschung in Deutschland informieren die beiden Fachzeitschriften «Südost-Forschungen» (seit 1936) und «Südosteuropa. Zeitschrift für Gegenwartsforschung», die vom Südost-Institut in München herausgegeben werden, sowie die beiden Schriftenreihen des Instituts «Südosteuropäische Arbeiten» und «Untersuchungen zur Gegenwartskunde Südosteuropas». Seit 2000 ist eine neue Zeitschrift «Jahrbücher für Geschichte und Kultur Südosteuropas» (JGKS) hinzugekommen, die vom Lehrstuhl für Ost- und Südosteuropäische Geschichte des Historischen Seminars der Universität Leipzig betreut wird.

II. Der Balkan
als europäische Geschichtsregion

Eine Geschichtsschreibung, die sich ausschließlich an der modernen Staatenkarte Südosteuropas orientiert und vornehmlich als Hilfswissenschaft ethnisch-nationaler Identitätsfindung versteht, kann den Besonderheiten der südosteuropäischen Kulturlandschaft und der gemeinsamen Geschichte der Balkanvölker nicht gerecht werden. Eine angemessene Würdigung der unterschiedlichen Erscheinungsformen des politischen und gesellschaftlichen Lebens, in denen sich in vielfachen Brechungen Einheit und Vielfalt kleinräumiger multikultureller Alltagswirklichkeiten widerspiegeln, erfordert einen breiteren interdisziplinären Zugang, der sich von den nationalstaatlichen Grenzziehungen der Gegenwart nicht irritieren läßt.

Versucht man, den Balkan als eine genuin europäische Geschichtsregion eigener Prägung zu verstehen, dann fallen vier Besonderheiten in den Blick, die einen nachhaltigen Einfluß auf den Geschichtsverlauf an der südosteuropäischen Peripherie ausgeübt haben.

1. die naturlandschaftlichen Gegebenheiten
2. das Wechselspiel von internen und externen Faktoren
3. der multikulturelle Hintergrund
4. das Gegen- und Miteinander von Fremdherrschaft und Selbstbestimmung

Natur und Geschichte

Die Bewohner der Balkanhalbinsel haben durch die Jahrhunderte die geographischen Gegebenheiten des Raumes als ein unausweichliches Schicksal erfahren. Das Relief Südosteuropas ist gekennzeichnet durch den Gegensatz zwischen einem vorwiegend gebirgigen Binnenland auf der einen Seite und den wenigen verkehrsoffeneren Landschaften entlang größerer Flüsse oder in unmittelbarer Küstennähe auf der anderen Seite. Nahezu 70% der Gesamtfläche in der Südhälfte hat einen gebirgigen Charakter, der keine intensivere Bodennutzung erlaubte und nur eine eingeschränkte Siedlungstätigkeit zuließ. Diese ungünstigen naturräumlichen Voraussetzungen und die niedrige Bevölkerungsdichte in den oft schwer zugänglichen Bergkantonen haben die innere Kommunikation nur wenig begünstigt. Die vorzugsweise vertikale Bewegungsrichtung der Flußläufe (in nördlicher Richtung zur Sawe bzw. zur Donau die Flüsse Bosna, Drina, Morava und Isker, in südlicher Richtung zur Ägäis Vardar, Struma, Mesta und im Unterlauf die Marica) erschwerte es, ein engmaschigeres Netzwerk funktionierender Verkehrswege herzustellen und über leicht passierbare Querverbindungen interregionale Austauschbeziehungen in Gang zu halten. Als transversale Wasserstrassen boten sich neben der Donau nur im Nordwesten die Donauzuflüsse Drau und Sawe sowie im Südosten die Marica an. Den Bewohnern des nur wenige Kilometer breiten istrisch-dalmatinischen Küstenstreifens ist durch die schroff aufsteigenden Bergketten des Dinarischen Gebirges der bequeme Zugang zum Landesinneren verwehrt geblieben. Das westbalkanische Gebirgsmassiv ist ein natürlicher Sperrriegel, der sich in mehreren parallelen Zügen von den Ausläufern der Ostalpen bis zu den nordalbanischen Bergen erstreckt und im nordgriechisch-epirotischen Raum im Pindusgebirge fortsetzt. Die dalmatinische Küstenbevölkerung hatte sich daran gewöhnt, in enger Anbindung an die Adria und an die venezianische Seemacht zu leben, die sich seit der Jahrtausendwende nach dem erfolgreichen Dalmatienfeldzug von 1000/1001 in der gesamten Adriazone einen beherrschenden Einfluß sichern konnte. Die wirtschaftliche und kulturelle Ausstrahlung Venedigs hat das äußere Erscheinungsbild der küstennahen Stadtanlagen in der östlichen Adriazone nachhaltig geprägt. Die verkehrsgünstige Randlage ermöglichte es den rührigen Händlern Ragusas/Dubrovniks auch noch während der langen Türkenzeit, sich dem unmittelbaren Zugriff der Reichszentrale und des Hinterlandes weitgehend zu entziehen und eine

Sonderstellung im grenzüberschreitenden Warenaustausch zu bewahren. Im balkanischen Binnenland war jahrhundertelang das Nischer Becken ein Kreuzungspunkt strategisch und wirtschaftlich wichtiger Fernstraßen. Über die Vardar-Morava-Achse stellte es die kürzeste Verbindung zwischen der unteren Donau und der Ägäis her, im Osten ermöglichte es den bequemen Zugang zum fruchtbaren Marica-Tal, und in westlicher Richtung vermittelte es über beschwerliche Karawanenwege durch den unwegsamen Westbalkan den Übergang zur Adria und zu den Handelsplätzen Cattaro/Kotor und Ragusa/Dubrovnik. Über Nisch verlief auch der wohl am meisten frequentierte Überlandweg, der quer durch die Balkanhalbinsel die kaiserliche Residenz in Wien mit dem Sultanshof in Istanbul verband. Diese große mittelalterliche «Heeresstraße nach Konstantinopel» (Via militaris, serb. Carski drum) hatte einen nicht weniger bedeutsamen antiken Vorläufer im Süden in der berühmten Via Egnatia, einer von den Römern gebaute Verbindungsstraße zwischen dem alten und dem neuen Rom auf der Route Brindisi-Durazzo-Ohrid-Monastir (Bitola), Thessaloniki, Konstantinopel.

Die gebirgige Landesnatur der Balkanhalbinsel stellte nur in Teilbereichen in ausreichendem Maße fruchtbare Ackerflächen bereit, die für eine dauerhafte intensivere landwirtschaftliche Nutzung geeignet waren. Extreme Temperaturschwankungen in der breiten südlichen Zone des Kontinentalklimas brachten der bäuerlichen Bevölkerung zusätzliche Erschwernisse und gefährdeten im Jahreswechsel in erheblichem Maße die Sicherstellung ausreichender Ernteerträge. Den Bewohnern der höher gelegenen Regionen des Binnenlandes bot bis zum Aufkommen des modernen Industriezeitalters oft nur das kümmerliche Dasein des Wanderhirtentums eine Überlebenschance.

Die Bevölkerung

Zusätzlich zu den schwierigen inneren Raumproblemen waren von den Bewohnern der Balkanhalbinsel ungünstige äußere Rahmenbedingungen zu bewältigen. Die exponierte Lage an der Nahtstelle zwischen Europa und Asien und im Einzugsbereich der eurasischen Steppenvölker am Übergang vom unteren Donauraum zur Mittelmeerwelt hat sie durch die Jahrhunderte immer wieder dem gewaltsamen Zugriff von Eindringlingen und Eroberern und den Einwirkungen fremder Kulturen ausgesetzt.

Die Vorfahren der heutigen Balkanvölker sind alle erst in historischer Zeit eingewandert. Von einer Urbevölkerung der Balkanhalbinsel vor der Landnahme indogermanischer Völker sind keine gesicherten Spuren erhalten geblieben. Auf altbalkanische Vorfahren (Frühgriechen/Achaier, Illyrer, Thraker), die ihre Wurzeln in der Antike haben, berufen sich heute die Griechen, die Albaner und auch die Rumänen. Die frühmittelalterlichen Ethnogeneseprozesse auf südosteuropäischem Boden, die ein einheimisches Substrat mit Neuankömmlingen sehr unterschiedlicher Herkunft zusammenführten, haben keine Identität von Ethnicum und Volk, von Rasse und Nation, entstehen lassen. Die Bevölkerungsvermischungen sind teilweise schon in die Zeit vor der Einwanderung zurückzudatieren. Eine Gräzisierungswelle hat seit der Mitte des ersten vorchristlichen Jahrtausends von den küstennahen Handelsniederlassungen griechischer Kolonisten ihren Ausgang genommen. Später hat die von den Legionslagern und Garnisonstädten römischer Truppen am Donaulimes vermittelte Romanisierung den alten Balkan weitgehend überformt. Die griechisch-lateinische Sprachgrenze verlief von der Adria zum Schwarzen Meer quer durch die Balkanhalbinsel, sie trennte eine romanisierte Nordhälfte vom gräzisierten Südteil. Während der Jahrhunderte der sog. Völkerwanderung wurde die Donau- und Balkanregion zum Durchzugsgebiet germanischer Stämme (West- und Ostgoten, Gepiden, Langobarden). Seit dem 6. Jahrhundert n. Chr. hat die slawische Landnahme auf byzantinischem Reichsterritorium die innerbalkanischen Landschaften grundlegend verändert. Sie entwickelte sich aus den Kriegszügen des asiatischen Reitervolkes der Awaren im Donauraum, an denen slawische Hilfstruppen beteiligt waren. Nach der Vernichtung des Gepidenreiches (567) und dem Abzug der Langobarden nach Italien (568) öffnete ihnen die Eroberung Sirmiums 582 einen breiten Zugang in das Innere der Balkanhalbinsel. Die slawischen Eindringlinge gründeten dauerhafte Niederlassungen in eigenen Siedlungskomplexen, den sog. Sklabiniai in den byzantinischen Quellen. Aus den Toponymen lassen sich die Grenzen der slawischen Siedlungsausbreitung im griechischen Raum noch umrißhaft erkennen. Nach Johannes Koder war die Besiedlung sehr dicht bis etwa auf Höhe der Flußläufe des Kalamas in Epirus und des Haliakmon in Makedonien. Südlich davon drangen slawische Siedler vorzugsweise im Binnenland bis in die Peloponnes vor. Die slawischen Bauern drängten die teilromanisierte Bevölkerung aus den ehemaligen Siedlungsräumen der illyrischen und thrakischen Stämme in geschütztere Rückzugsgebiete an der adriatischen und ägäischen Küstenzone ab. Nicht wenige fanden auch Zuflucht in schwer zugänglichen Hochregionen des Landesinneren, wo ihre Nachkommen als transhumante Hirtenbevölkerung überlebten und später als Vorfahren der Albaner, Rumänen und Aromunen in den schriftlichen Quellen wieder auftauchen.

Im frühen Mittelalter hatten die bodenständigen Bauerngesellschaften im Donau- und Balkanraum wiederholt gewaltsame Eingriffsversuche meist turksprachiger Reiternomaden der eurasischen Steppenkulturen abzuwehren. Seit dem Hunnensturm unter Attila im 4./5. Jahrhundert sind entlang der ausgedehnten Steppenzonen Innerasiens kriegerische Reitervölker bis an die untere Donau vorgedrungen, u. a. die Awaren im 6.–8. Jahrhundert, die Proto-Bulgaren im 7. Jahrhundert, die Magyaren im 9./10. Jahrhundert, die Petschenegen im 10. Jahrhundert, die Uzen und Kumanen im 11. Jahrhundert und die Mongolen/Tataren in der Mitte des 13. Jahrhunderts. Mit den Ungarn (Magyaren) und den turkstämmigen, von ihrer neuen slawischen Umgebung assimilierten Proto-Bulgaren haben ehemalige Reiternomaden dauerhafte Wohnsitze im Donau- und Balkanraum gefunden. In der Mitte des 14. Jahrhunderts haben die Osmanen als Nachfahren der seldschukischen Eroberer Kleinasiens über die Meerenge des Bosporus und der Dardanellen den Zugang zur Balkanhalbinsel erzwungen und innerhalb weniger Jahrzehnte die christlichen Balkanvölker der Fremdherrschaft islamischer Herren unterworfen.

Die osmanischen Eroberungszüge des 14. und 15. Jahrhunderts und später die gewaltsame Zurückdrängung der osmanischen Herrschaft nach der gescheiterten zweiten Belagerung Wiens 1683 haben sowohl bei den Christen wie bei den Muslimen erhebliche Bevölkerungsverschiebungen verursacht. Orthodoxe Balkanflüchtlinge fanden Aufnahme in der seit der Mitte des 16. Jahrhunderts entstehenden habsburgischen Militärgrenze in Kroatien-Slawonien (in der heutigen Krajina und in Ostslawonien). Die Verlagerung der Siedlungsschwerpunkte der Serben aus den altserbischen Gebieten (Raszien, Kosovo) in das nördliche Waldland der Šumadija vollzog sich als schleichende Absetzbewegung vor den weiter nördlich vordringenden osmanischen Eroberern. Im Rahmen einer gezielten Evakuierungsaktion, dem sog. «Großen Exodus» in der nationalserbischen Erinnerungskultur, folgte 1690 dem Rückzug der kaiserlichen Truppen vom innerbalkanischen Kriegsschauplatz eine größere serbische Flüchtlingsgruppe zusammen mit dem Patriarchen von Peč (alban. Pejë, türk. Ipek) Arsenije III. Crnojević. Kaiser Leopold I. wies ihnen in den eroberten südungarischen Territorien (Syrmien) und im Komitat Pest (Szentendre/Sankt Andrä nördlich von Budapest) neue Wohnsitze zu und gewährte ihnen Glaubensfreiheit und weitgehende Verwaltungsautonomie. Die folgenreiche Siedlungsausbreitung der Albaner (Arnauten) setzte noch im 13. Jahrhundert ein. Albanische Siedlergruppen rückten den abziehenden Serben in Raszien und im Kosovo nach und drangen während der Türkenherrschaft über Westmazedonien und bulgarisches Territorium bis in die Dobrudscha und südwärts über Thessalien bis auf die Peloponnes und die vorgelagerten griechischen Inseln vor. Eine beträchtliche Anzahl albanischer Flüchtlinge ließ sich in Süditalien (Apulien, Kalabrien und Sizilien) nieder. Die Türkenkriege der russischen Zarin Katharina II. haben zahlreiche griechische Kollaborateure nach dem Friedensschluß von 1774 veranlaßt, Zuflucht vor türkischen Repressalien im Russischen Reich zu suchen. Sie spielten neben serbischen und bulgarischen Balkanflüchtlingen eine nicht unwesentliche Rolle bei der Kolonisierung und Erschließung der neuerworbenen südrussischen Gebiete. Von der Anwesenheit griechischer Neusiedler nördlich des Schwarzen Meeres zeugen noch heute die zahlreichen Siedlungsnamen auf -polis (russ. -pol'). Das sog. Pontus-Griechentum war Teil einer weitverstreuten griechischen «Diaspora», die ihre Zentren in der Ukraine, in Odessa, in den Küstenstädten des östlichen Mittelmeeres, in den Donaufürstentümern und in Ungarn hatte und in mitteleuropäischen Handelszentren wie Wien, Venedig und Triest ein florierendes wirtschaftliches und kulturelles Gemeindeleben organisierte. Es ist erst in den russischen Revolutionswirren nach 1917 und durch die Emigration nach Griechenland weitgehend verschwunden. «Grieche» war in den zeitgenössischen Quellen sehr häufig gleichbedeutend mit orthodoxer Bewohner der Balkanhalbinsel. In den mitteleuropäischen griechischen Handelsniederlassungen waren nicht selten gräzisierte Aromunen (Kutzowalachen oder Zinzaren) die treibende Kraft bei der Vermittlung des grenzüberschreitenden Warenaustausches.

Roma unterschiedlicher Herkunft waren schon in byzantinischer Zeit um 1100 im Donau- und Balkanraum anzutreffen. Ein massenhafter Zustrom setzte während der Türkenherrschaft ein. Wegen ihrer vorwiegend nichtseßhaften Lebensweise waren sie in allen Balkangesellschaften eine nur schwer integrierbare Randgruppe, die ihre eigenen kulturellen und sozialen Traditionen bewahrte, im Gebrauch einer Schriftsprache als Kommunikationsmittel sich aber vorwiegend an die jeweilige Mehrheitsgesellschaft anpaßte. Erst in jüngster Zeit sind Schritte zur Kodifizierung einer eigenen Roma-Muttersprache unternommen worden. Ein weitergehender innerer Zusammenhang zwischen den einzelnen Roma-Gruppen, der auf eine gemeinsame Herkunft schließen ließe, besteht nicht. In den einzelnen Balkansprachen sind sehr unterschiedliche Sammelbezeichnungen (neben dem pejorativen «Zigeuner» u. a. Ägypter, Ashkali, Karavlasi) im Umlauf. Erhebliche Meinungsunterschiede bestehen bis zur Gegenwart über die genauen Zahlenangaben. Die Selbsteinschätzung der Roma-Vertreter weicht diametral von den Nachweisen in den offiziellen Bevölkerungsstatistiken der einzelnen Balkanstaaten ab. Die weitaus größte Konzentration von Roma-Gruppen findet sich heute in Rumänien. Nennenswerte Prozentzahlen an der Gesamtbevölkerung erreichen sie außerdem in Serbien, in Kosovo, in Bulgarien und in Ungarn.

Südosteuropa ist während der osmanischen Periode auch zum Asyl und zur Heimat jüdischer Bevölkerungsgruppen geworden. Auf der Balkanhalbinsel trafen die beiden frühneuzeitlichen Migrationsströme der Juden in Mitteleuropa und im Mittelmeerraum zusammen. Vom Süden her verbreiteten sich bis zum Donauraum die sephardischen Juden oder Westjuden (mit dem Judenspanisch/Ladino als Muttersprache). Sie hatten nach der Reconquista in Spanien Ende des 15. Jahrhunderts Zuflucht im Osmanischen Reich gefunden und sich im Zuge dieser sog. spaniolischen Ostwanderung in den Handelszentren des östlichen Mittelmeers niedergelassen. Auf der Balkanhalbinsel wurde neben Istanbul, Sofia und Sarajewo vor allem Thessaloniki zu einem Sammelpunkt jüdischer Siedler. Vom Norden und Westen her wanderten Juden aus Deutschland und Italien, später auch die sog. Ostjuden (aschkenasische Juden) aus Polen und Rußland ein. Eigentlicher Siedlungsschwerpunkt dieser «daitschen» Juden mit jiddischer Sprache und hebräischer Schrift war im Mittelalter das polnisch-litauische Jagiellonenreich gewesen. Durch die polnischen Teilungen fielen Gebiete mit starkem jüdischem Bevölkerungsanteil an die Habsburger und vor allem an Rußland. Die restriktive Judenpolitik der Zaren veranlaßte insbesondere im 19. Jahrhundert viele Juden zur Abwanderung in die Nachbargebiete – nach Österreich, in die Moldau (Bessarabien) und nach Ungarn. Im Osmanischen Reich lebten um 1900 noch ca. 215 000 Juden. Beim Zusammenbruch der Vielvölkerstaaten Österreich-Ungarn und Russisches Reich wurden die insgesamt mehr als acht Millionen Juden Ost- und Südosteuropas nunmehr Bürger der Nachfolgestaaten des Versailler Systems. Davon waren 700 000 in Rumänien und 600 000 in Ungarn registriert. In Ungarn erhöhte sich die Zahl vorübergehend nach dem Anschluß Österreichs, der Zerschlagung der Tschechoslowakei und der Besetzung Polens durch Zuwanderer, die sich dem Zugriff des Nationalsozialismus entziehen wollten, sowie durch die Gebietserwerbungen von 1938–1941 (Südslowakei, Karpatoukraine, Nordsiebenbürgen, Batschka) auf 795 000. Davon wurden ca. 550 000 Opfer des Holocaust. Heute leben noch etwa 100 000 Juden in Ungarn. Gebietsabtretungen, Holocaust und massive Auswanderung nach Israel haben auch in Rumänien die Zahl der Juden von ca. einer Million (1939) auf 40 000 (1991) schrumpfen lassen.

Von einem vergleichbaren dramatischen demographischen Einbruch waren auch die deutschen Siedlergruppen betroffen, deren Vorfahren seit dem 12. Jahrhundert in die südöstlichen Grenzgebiete des historischen Ungarn nach Siebenbürgen (mit den Siedlungsschwerpunkten Hermannstädter Provinz und den Städten Hermannstadt/Sibiu, Mediasch/Mediaș und Schäßburg/Sighișoara, dem Burzenland mit Kronstadt/Brașov und dem Nösnerland in Nordsiebenbürgen um Bistritz/Bistrița) eingewandert waren. Der Freibrief des ungarischen Königs Andreas II. (1205–1235) von 1224 (Privilegium Andreanum) sicherte den willkommenen «Gästen» (latein. hospites) weitgehende Rechte und Autonomieregelungen auf den königsunmittelbaren Gebieten (sog. Königsboden) zu. Nach der erfolgreichen Rückeroberung Ungarns durch die Habsburger in den Türkenfeldzügen des ausgehenden 17. Jahrhunderts öffnete das kaiserliche Impopulationspatent von 1689 weiteren deutschstämmigen Familien den Weg nach Südungarn. Die drei großen Schwabenzüge von 1723–1726, 1763–1773 und 1782–1787 brachten vornehmlich südwestdeutsche Neusiedler in die sog. Schwäbische Türkei (Baranya), in die Batschka, das Temescher Banat, nach Slawonien und Syrmien sowie in das nordwestrumänische Gebiet um Sathmar (rumän. Satu Mare). Nach Siebenbürgen kamen in den dreißiger Jahren außerdem österreichische Protestanten (sog. Landler), die im Zuge der Gegenreformation aus Kärnten und Steiermark zwangsweise ausgesiedelt wurden.

Außerhalb der Grenzen des Stephansreiches waren geschlossene deutsche Siedlung Mitte des 14. Jahrhunderts in der Krain unter den Grafen von Ortenburg in der Gottschee entstanden sowie sächsische Bergbausiedlungen in Bosnien und Serbien. Außerdem hatten sich deutsche Bürger in moldauischen städtischen Siedlungen und um die Residenzen der walachischen Fürsten niedergelassen. Für die aus sehr unterschiedlichen Anlässen entstandenen neuzeitlichen deutschen Siedlergruppen in Südosteuropa hat sich in den 20er Jahren des 20. Jahrhunderts die mißverständliche Sammelbezeichnung «Donauschwaben» eingebürgert. Ihre Gesamtzahl in den Nachfolgestaaten des Versailler Systems (Jugoslawien, Rumänien und Ungarn, unter Einschluß der ehemaligen oberungarischen Gebiete, d.h. der Slowakei) wird auf annähernd 1,9 Millionen geschätzt. Nach Umsiedlungen, freiwilligem Abzug, Flucht, Deportationen und Vertreibung sowie den späteren Auswanderungen ist die deutsche Minderheit aus der Bevölkerungsstatistik in den Nachfolgestaaten des ehemaligen Jugoslawien, in Ungarn und Rumänien heute weitgehend verschwunden.

Die Armutsmigration nach Übersee vor dem Ersten Weltkrieg und dann vor allem die Arbeitsmigration in die Industriezentren Mitteleuropas nach dem Zweiten Weltkrieg haben mehrere Millionen Menschen aus den Balkanländern in Bewegung gesetzt und zum zeitweiligen oder dauerhaften Abzug aus ihren Heimatdörfern veranlaßt. Nach Meinung des amerikanischen Balkanexperten Marvin Jackson ergibt eine annähernde Berechnung der Veränderungsbilanz ethnischer Minderheiten in den Ländern Bulgarien, Griechenland, Jugoslawien und Rumänien, daß im Zeitraum von 1912 bis 1970 etwa 7,4 Millionen Menschen, d.h. ein Viertel der geschätzten Gesamtbevölkerung, ihre angestammten Wohnsitze verlassen mußten. Von Binnenwanderungen, Arbeitswanderung und Landflucht auf der einen Seite und Zwangsmigrationen, Flucht und Vertreibung auf der anderen Seite wurde auch die Kernbevölkerung der einzelnen Balkanstaaten in extremer Weise betroffen. Allein im Zeitraum von 1950 bis 1993 befanden sich etwa 14 Millionen Menschen auf der Wanderung. Die demographischen Folgen der kriegerischen Auseinandersetzungen im ehemaligen Jugoslawien sind noch nicht abzuschätzen. 1995 zählte man allein in

Bosnien eine Million Flüchtlinge, in Gesamtjugoslawien waren mehr als vier Millionen Menschen betroffen.

Eine massive Integrations- und Assimilierungspolitik, gewaltsame Eingriffe in gewachsene Siedlungsstrukturen im Zuge der Bodenreformen bis hin zu den Zwangsmitteln des Bevölkerungsaustausches und der gezielten «ethnischen Säuberungen» haben im 20. Jahrhundert eine stärkere Anpassung der Bevölkerungsstruktur an die bestehenden nationalstaatlichen Grenzziehungen erzwungen. Noch am Ende des 19. Jahrhunderts waren von den 1,13 Millionen Einwohnern des Wilayet Saloniki fast die Hälfte Slawen, unter denen nur 170 000 Griechen als Minderheit lebten. Unter den 120 000 Einwohnern der Hauptstadt Saloniki waren nur 14 000 Griechen. Die Mehrheit der Stadtbevölkerung setzte sich zusammen aus 60 000 sephardischen Juden, 25 000 Türken, 11 000 Slawen, 3300 Franken, d. i. Westeuropäer. Belgrad ist erst im 19. Jahrhundert zu einer überwiegend serbischen Stadt geworden. Zuvor stellten Türken, Juden, Armenier und Griechen die Mehrheit in der Bevölkerung. In Bosnien und der Herzegowina hatte nur die habsburgische Okkupationsmacht nach 1878 einen überstürzten Exodus der islamischen Bevölkerung verhindert und so in den zentralbalkanischen Landschaften den städtischen Siedlungen weiterhin ihren muslimischen Charakter bewahrt. Eine schleichende Abwanderung der ehemals staatstragenden muslimischen Bevölkerung war allerdings nach dem Rückzug der osmanischen Truppen nicht mehr aufzuhalten. Nach neueren Schätzungen haben annähernd vier Millionen Muslime im Verlauf des 19. und 20. Jahrhunderts in mehrfachen Emigrationswellen die Balkanhalbinsel verlassen.

Die verwirrende Nationalitätenkarte Südosteuropas ist das Ergebnis andauernder Bevölkerungsfluktuationen. Eine Abfolge von Immigrationen, Zwangsumsiedlungen und spontanen Binnenwanderungen haben im Laufe der Jahrhunderte ein buntes Völkergemisch entstehen lassen. Besonders in den Grenz- und Übergangszonen der Balkanhalbinsel leben die unterschiedlichsten Bevölkerungsgruppen in einer typischen Gemengelage auf engstem Raume zusammen. Nach der Auflösung der

Vielvölkerreiche der Habsburger und der Osmanen am Ende des Ersten Weltkrieges haben ein übersteigerter Ethno-Nationalismus und der von den modernen Nationalstaaten ausgehende Homogenisierungsdruck den Fortbestand dieser überkommenen Vielfalt des kulturellen Erbes ernsthaft in Gefahr gebracht. In einem andauernden erbitterten Volkstumskampf droht die gemeinsame Geschichte aus dem Gedächtnis der Balkanvölker ausgelöscht zu werden.

Die Nationalitätenkarte Südosteuropas zeigt heute in den einzelnen Ländern einen weit fortgeschrittenen Homogenisierungsgrad in der Zusammensetzung der Bevölkerung. Der Anteil der Mehrheitsbevölkerung erreicht gegenwärtig in Albanien 98%, in Ungarn 96,6%, in Griechenland 93% (nach offiziellen Angaben sogar 100%), in Rumänien 89,5%, in Slowenien 83,6%, in Bulgarien 83,5% und in Kroatien 89,6% (1991: 78,1%). Größere Minderheitengruppen lebten im Stichjahr 1991 noch in der Bundesrepublik Jugoslawien – mit unterschiedlicher Gewichtung in Serbien unter Einschluß des Kosovo (65,8% Serben und 17,2% Albaner) und in Montenegro (Montenegriner 61,8%, Muslime 14,6%, Serben 9,3%, Albaner 6,6%), in Makedonien/Ehemalige jugoslawische Republik Makedonien (66,5% Makedonier; 22,9% Albaner; 4,0% Türken; 2,3% Roma; 2% Serben), in Moldova (64,5% Moldavier; 13,8% Ukrainer; 13% Russen; 3,4% Gagausen) und in Bosnien-Herzegowina (48% Muslime; 37% Serben und 14% Kroaten).

Einheit und kulturelle Vielfalt

Die Grenzen der modernen Nationalstaaten sind nicht deckungsgleich mit den innerbalkanischen Kulturräumen. Südosteuropa ist nach Julius von Farkas ein Raum der Bewegung, ein Raum der wandernden Grenzen und der wandernden Völker. Seit der Antike hat der Balkanraum wie ein Schwamm Menschen unterschiedlicher Herkunft in sich aufgesogen. Rom und Byzanz, Habsburg, Venedig und die Osmanen setzten über zwei Jahrtausende nicht nur die machtpolitischen Rahmenbedingungen auf der Balkanhalbinsel. Sie vermittelten auch für die Oberschicht die bestimmenden kulturellen Normen, und sie regten jene epochalen politisch-gesellschaftlich-kulturellen Transformationsprozesse an, in denen sich lokale Varianten eines balkanischen Kulturraumes ausbildeten. Aus dem Zusammenspiel mediterraner und kontinentaler Einflüsse ergaben sich günstige Ausgangsbedingungen für facettenreiche kulturelle Symbiosen. Dabei haben die einzelnen Regionen der Balkanhalbinsel, die von den globalen Trends in sehr unterschiedlicher Intensität erfaßt worden sind, ein jeweils eigenes Profil entwickelt.

Der Balkanraum ist zu allen Zeiten eingebunden gewesen in eine «eurasische Fluktuation». Diese ist gekennzeichnet durch das Ineinanderfließen und Verschmelzen abendländischer und byzantinischer, europäischer und orientalischer Kulturelemente. Ihre Auswirkungen werden vor allem in der Volkskultur, in der Volkssprache und in der Volksdichtung, im Brauchtum und in den Rechtsvorstellungen sichtbar. Die Gemeinsamkeit der Lebensbedingungen hatte in der Volksdichtung der Balkanvölker eine «Gemeinsamkeit der Heroen, der Sujets und der Motive» (Josef Matl) zur Folge. Das Erbe der Osmanen lebt heute noch in vielerlei Adaptionen in der Alltagskultur, in der Sprache und in den Lebens- und Eßgewohnheiten der einzelnen Balkangesellschaften fort.

Durch die Jahrhunderte standen die Balkanvölker in einer wechselseitigen Auseinandersetzung mit einer aufgezwungenen Fremdherrschaft und einer fremden Stadtkultur. Diese war im Donauraum vor allem deutsch und an der Adriaküste venezianisch-italienisch geprägt. Im Inneren der Balkanhalbinsel hatte sie sich auf spätantik-byzantinischen bzw. osmanisch-orientalischen Grundlagen entwickelt.

Die Balkanhalbinsel zählt zu den klassischen multiethnischen Überschichtungsräumen. Die Symbiose, Überlagerung und Vermischung von Stämmen, Völkern und Kulturen ist zu ihrem besonderen Kennzeichen geworden. In Südosteuropa überlebten wie kaum anderswo auf dem europäischen Kontinent in unmittelbarer Nachbarschaft nebeneinander Bevölkerungsgruppen, die sich in Herkunft, Sprache, ethnischer Zuordnung sowie in ihren religiösen Überzeugungen und in ihren Sitten und Gebräuchen erheblich unterscheiden und deren Lebensweise teilweise auf weit in die Vergangenheit zurückreichende Zeitstufen menschlicher Vergesellschaftung zurückverweist. Der auswärtige Besucher erlebt in den Balkanländern in extremem Maße die Gleichzeitigkeit des Ungleichzeitigen. In der adriatischen Küstenzone blieben bis fast in die Gegenwart hinein Reste des römischen Kolonats erhalten. Im Einzugsbereich der städtischen Siedlungen stieß noch zu Beginn des 20. Jahrhunderts die moderne Industriegesellschaft unmittelbar mit den Überresten einer transhumanten Wirtschaftsweise zusammen. In den bäuerlichen Siedlungen des Binnenlandes hatte die patrilineare Großfamilie in Teilregionen als angepaßte Wirtschaftsorganisation und Lebensgemeinschaft (sog. Hausgenossenschaft oder Hauskommunion, zadruga) überlebt. Diese eigentümliche Form der Produktions- und Gütergemeinschaft ist Ausdruck einer strukturellen gesellschaftlichen und ökonomischen Rückständigkeit, die nach der Auflösung der habsburgischen und osmanischen Vielvölkerstaaten die notwendigen Modernisierungsbemühungen behindert und in den Nachfolgestaaten den Übergang von der Agrar- zur Industriegesellschaft erheblich verzögert hat.

Bei der Aufrechnung der Vergangenheit sollte allerdings nicht übersehen werden, dass unter allen Teilregionen Osteuropas die Balkanhalbinsel die einzige ist, die einen unmittelbaren Anteil an den urbanen Traditionen der mediterranen Kulturwelt und der antiken Schriftüberlieferung hatte. Oskar Halecki sieht daher in einer gesamteuropäischen Perspektive im Balkanraum einen inhärenten Bestandteil «Alt-Europas». Diese geschichtsträchtige südosteuropäische Kulturlandschaft hebt sich deutlich ab von dem «Neu-Europa», dem Siedlungsraum der «Barbarenvölker» des Nordens, dessen Bewohner, die heidnischen Stämme der Germanen und Slawen, erst sehr viel später über die Missionierungsbemühungen der römischen und byzantinischen Kirche in die Schriftkultur der mediterranen Welt eingeführt worden sind. Während des langen byzantinischen Jahrtausends hat das balkanische Hinterland seine besondere strategische und wirtschaftliche Bedeutung für die Reichsmetropole am Bosporus nicht verloren. Erst durch die hochmittelalterlichen Machtverschiebungen innerhalb Europas ist die Balkanregion immer mehr ins Abseits geraten. Die osmanische Eroberung hat schließlich für ein halbes Jahrtausend eine Demarkationslinie gezogen, die den ungehinderten Austausch mit dem christlichen Abendland erheblich erschwert, aber keineswegs völlig unterbunden hat. Über den Buchdruck und das gelehrte Schrifttum haben auch die Balkanvölker weiterhin an den westlichen kulturellen Entwicklungen partizipieren können. Die reformatorischen Lehren eines Martin Luther und eines Johannes Calvin (Jean Cauvin) sind über deutsche Siedler zu den Ungarn und Slowenen gelangt und bis nach Siebenbürgen vorgedrungen, das sich zu einem multikonfessionellen Fürstentum zwischen dem osmanischen und habsburgischen Herrschaftsbereich entwickelte. Während des 18. Jahrhunderts sind die Ideen der Aufklärungszeit von den griechischen Hospodare in den Donaufürstentümern (sog. Phanarioten, benannt nach dem Phanar, dem griechischen Wohnviertel Istanbuls) und von serbischen Kirchenmännern in Südungarn aufgenommen und weitergegeben worden.

In der Neuzeit waren der Sultanshof in Istanbul und das kaiserliche Wien konkurrierende normgebende Instanzen, die politische und gesellschaftliche Leitbilder vorgaben und zu Kulturtransfers und lokalen Adaptionen anregten. Seit dem Niedergang des Osmanischen Reiches bevorzugte die heranwachsende Elite in den neuentstandenen christlichen Balkanstaaten westeuropäische Hochschulen als Ausbildungsstätten. Beim Ausbau der Hauptstädte bemühte man sich, die in den westlichen Herrscherresidenzen erprobten repräsentativen Architekturformen nachzubilden. Der politische und kulturelle Neubeginn orientierte sich an den Standards der fortgeschrittenen europäischen Gesellschaften. Deren Aneignung wird in der Gegenwart erneut von der Europäischen Staatengemeinschaft mit Nachdruck als unabdingbare Beitrittsvoraussetzung zur Europäischen Union eingefordert.

Externe Raumkonstellationen

In Südosteuropa hat sich seit der Antike keine tragfähige Grundlage für eine eigenständige, den Gesamtraum umfassende politische Ordnung entwickelt. Die Balkanhalbinsel war meist vornehmlich ein Schauplatz konkurrierender externer Machtinteressen. Zum Verständnis der innerbalkanischen Vorgänge ist es daher notwendig, immer auch den Blick über die Grenzen Südosteuropas hinaus zu richten und weitergehende Raumkonstellationen mit in die Überlegungen einzubeziehen. Für die griechischen Stadtstaaten der Antike, für die römischen Eroberer und die byzantinischen Kaiser, für die osmanischen Sultane und die in Wien residierenden Habsburger war die Balkanhalbinsel nur das Hinterland eines umfassenderen politisch-wirtschaftlich-kulturellen Handlungsraumes. Der Aktionsraum der griechischen Polisstaaten in der Antike hatte sich im Zuge der großen Kolonisationsbewegung (750–550 v. Chr.) weit nach Osten ausgedehnt und durch Tochtersiedlungen die kleinasiatische Küstenzone und den gesamten Schwarzmeerbereich erfaßt. Für Alexander den Großen war die Balkanhalbinsel die territoriale Ausgangsbasis für ein Weltreich, das sich bis zum Indus erstreckte. Unter den römischen Eroberern ist der Balkan immer nur ein Nebenkriegsschauplatz geblieben. Die Grenzen des byzantinischen Reiches schlossen Kleinasien, Teile Armeniens, Syrien, Palästina und Ägypten ein. Die nachfolgenden Osmanen beherrschten in der Blütephase des Reiches den ganzen Vorderen Orient und die Nordküste Afrikas.

Diese wechselnde Einbindung in umfassendere Raumkonstellationen hatte durch die Jahrhunderte wahrnehmbare mittelbare und unmittelbare Auswirkungen auf die Geschichte der Balkanhalbinsel. Sie ist in nahezu allen Lebensbereichen nur in enger Verbindung mit den Vorgängen außerhalb der geographischen Grenzen Südosteuropas zu verstehen. Schon die frühmittelalterlichen Ethnogeneseprozesse in Südosteuropa weisen weit nach Osten in den eurasischen Steppenraum hinein und schließen die Siedlungsräume der germanischen und slawischen Völker in Ostmittel- und Osteuropa ebenso ein wie die Vielvölkerwelt des östlichen Mittelmeerraumes. Das Schicksal der Roma, der aschkenasischen und sephardischen Juden oder der deutschen Siedlergruppen in Südosteuropa ist nur als Teil umfassenderer Migrationsprozesse zu verstehen, die außerhalb der Balkanhalbinsel ihren Ursprung haben. Selbst die Vorgeschichte des neugriechischen Volkes wäre ohne die weitverstreute «Diaspora» von Südrußland bis an die atlantische Küste nicht in adäquater Weise zu würdigen.

Die Religions- und Kirchengeschichte der Balkanvölker war durch die Jahrhunderte in eurasische Zusammenhänge eingebunden. Der Einflußbereich der dualistischen Lehren des Manichäismus reichte von den Paulikianern in Kleinasien, die Ende des 9. Jahrhunderts von den byzantinischen Kaisern nach Thrakien verbannt wurden, über die Bogomilen des 10. Jahrhunderts in Bulgarien und die Patarener des 11. Jahrhunderts in den lombardischen Städten Norditaliens bis hin zu den Katharern (Albigenser), die ihr dualistisches Weltbild im 12. und 13. Jahrhundert durch Wanderprediger über ganz Westeuropa (Rheinland, Nord- und Südfrankreich, Oberitalien und England) verbreiteten. Zu ihrer Bekämpfung mußte schließlich Papst Innozenz III. 1208 zu einem regelrechten Kreuzzug aufrufen, der vom französischen König in den sog. Albigenserkriegen 1209–1229 exekutiert wurde. Mit den bogomilischen Traditionen wird heute von der muslimischen Mehrheitsbevölkerung in Bosnien-Herzegowina auch die sog. Bosnische Kirche des 13.–15. Jahrhunderts in eine unmittelbare Verbindung gebracht. Die insbesondere von den ungarischen Königen bereitwillig übernommenen Verfolgungen durch die römische Kirche sollen unter ihren Anhängern den Boden für Massenübertritte zum Islam nach der osmanischen Eroberung Bosniens 1463 bereitet haben, ein kausaler Zusammenhang, der in der Forschung immer noch sehr kontrovers diskutiert wird. Weiterhin umstritten ist auch die theologische Deutung der religiösen Symbolik auf den ca. 60 000 sog. Bogomilensteinen (stećci) des 12.–16. Jahrhunderts, die sich weit verstreut in der Herzegowina und im östlichen Bosnien, aber auch als ganze Ensemble in einzelnen Gräberfeldern (u. a. in Radimlja und Boljuni bei Stolac, im Nevesinjsko polje, bei Foča und Travnik) bis in die Gegenwart erhalten haben.

Die Christianisierung der Bewohner der Balkanhalbinsel war das Ergebnis einer nachhaltigen Außensteuerung. Sie vollzog sich im konkurrierenden Neben- und Gegeneinander der von Konstantinopel und Rom geförderten Missionierungsbemühungen. Die nachfolgende islamische Bedrohung der christlichen Staatenwelt machte sich nicht nur an der heftig umkämpften habsburgischen «Militärgrenze», sondern im gesamten Mittelmeerraum bis hin nach Spanien bemerkbar. Seit dem Niedergang des Osmanischen Reiches hielten die Bemühungen um eine diplomatische und militärische Lösung der sog. Orientalischen Frage über mehrere Generationen ganz Europa in Atem. In die politische Neuordnung der vom Türkenjoch befreiten Gebiete waren europäische, vornehmlich deutsche Herrscherdynastien sowie ausländische Berater und Entwicklungshelfer unmittelbar involviert.

Vergleichbare übergreifende Raumkonstellationen kennzeichneten auch das Wirtschaftsleben der Balkanvölker, das sich im Schatten der großen Politik nur mühsam entwickeln konnte. Während der byzantinischen und der osmanischen Periode hatten die Versorgungsbedürfnisse der hauptstädtischen Bevölkerung in Konstantinopel/Istanbul absoluten Vorrang. Grenzüberschreitende Kontakte zu den west- und mitteleuropäischen Handelszentren sind über ein weitverzweigtes Netzwerk venezianischer, ragusanischer, armenischer, jüdischer und griechisch-aromunischer Zwischenhändler vermittelt worden. Seit der erfolgreichen Zurückdrängung der Sultansherrschaft gewann der Balkanraum als Absatzmarkt und als Anlageplatz des europäischen Investitionskapitals zunehmend an Attraktivität. In den Plänen des nationalsozialistischen Deutschland diente er als «Ergänzungswirtschaftsraum» und als bevorzugter Rohstofflieferant für die heimische Industrie.

Deutschsprachige Südosteuropa-Historiker haben diese durchgängigen Einbindungen in globale Entwicklungsabläufe und die Abhängigkeiten von den Wechselfällen der großen Politik als eine spezifische Eigenheit der Balkanhalbinsel herausgestellt. Im Wechsel von Integration und Desintegration hat man eine Art «Naturgesetz des Raumes» sehen wollen. Mathias Bernath konstatierte in den raumübergreifenden politischen Abläufen eine Art «Geschehenseinheit» in Südosteuropa im «Spannungsfeld zwischen Rom und Byzanz, Habsburg und den Osmanen, zwischen den hegemonialen Ansprüchen der neuzeitlichen Großmächte in Ost- und West». Georg Stadtmüller sah den südosteuropäischen Subkontinent durch die Jahrhunderte dem Zusammenwirken exogener und endogener Faktoren ausgesetzt und die Geschicke der Balkanvölker in ein ständiges Wechselspiel von Reichsgeschichte und Volksgeschichte eingebettet. Gottfried Schramm spricht von «Eroberern» und «Eingesessenen», die die Geschichte Südosteuropas im ersten Jahrtausend nach Christi Geburt maßgeblich geprägt haben, Karl Kaser bevorzugt die in der Peripherisierungstheorie postulierte gegenseitige Abhängigkeit von Zentrum und Peripherie als Erklärungsmodell für die bestimmenden wirtschaftlichen und gesellschaftlichen Entwicklungszusammenhänge, die seit der Frühen Neuzeit eine strukturelle Rückständigkeit in Südosteuropa verursachten.

Zwischen Fremdherrschaft und Selbstbestimmung

Das Schicksal der Balkanvölker war während der vergangenen beiden Jahrtausende weitgehend fremdbestimmt. Raumbeherrschende Großreiche ließen den machtpolitischen Ambitionen einheimischer Herrscher nur einen beschränkten Spielraum. Ein Jahrtausend lang, bis zum Untergang im Jahre 1453, war das zweite, das «neue Rom» (Roma secunda), die Kaisermetropole Konstantinopel, das beherrschende politische Zentrum und als Sitz des Ökumenischen Patriarchen gleichzeitig auch der kirchliche und kulturelle Bezugspunkt der gesamten orthodoxen Welt. Die byzantinischen Kaiser hatten es nach der zeitweiligen Restitution der alten Reichsgrenzen unter Justinian I. (527–565) nicht leicht, Usurpationsversuche abzuwehren und sich gegen äußere und innere Konkurrenten in ihrer Vormachtstellung auf der Balkanhalbinsel zu behaupten. In der Adriazone erreichten die Venezianer, in der Donauregion die ungarische Königsmacht eine beherrschende Stellung. Wechselnde innerbalkanische Herrschaftsbildungen entzogen ihnen wiederholt die Verfügungsgewalt über Teilregionen des Reichsgebietes, so im Nordosten die Chane der Proto-Bulgaren im sog. 1. Bulgarischen Reich des 7.–11. Jahrhunderts und die Aseniden im 2. Bulgarischen Reich seit 1185, im Nordwestbalkan die kroatischen Könige des 9.–11. Jahrhunderts und in den zentralbalkanischen Landschaften der Nemanjidenstaat der Serben im 12.–14. Jahrhundert. Ende des 11. Jahrhunderts war nach der vernichtenden Niederlage des kaiserlichen Heeres am 19. August 1071 in der Schlacht von Mantzikert in der Nähe des Vansees der Einbruch der Seldschuken in Kleinasien nicht mehr aufzuhalten. Im gleichen Jahr mußte der letzte noch verbliebene Stützpunkt Bari in Unteritalien vor den Normannen geräumt werden, deren Angriff auf Dyrrhachion/Durazzo (1081) unter Robert Guiskard die kaiserliche Residenzstadt und den Bestand des Reiches vorübergehend in unmittelbare Gefahr brachte. Ein Jahrhundert später eroberten im Verlauf des 4. Kreuzzuges «fränkische» Heerführer unter der Führung Venedigs im April 1204 Konstantinopel und errichteten auf der Balkanhalbinsel und im westlichen Kleinasien Lehnsstaaten im Rahmen des Lateinischen Kaiserreiches unter Balduin I. von Flandern (1204–1205). Der byzantinische Kaiser und sein Hof waren gezwungen, vorübergehend in das kleinasiatische Nikaia auszuweichen. Die Vorherrschaft der abendländischen Ritter ist allerdings eine Episode geblieben. Die Eroberer konnten schon nach wenigen Jahrzehnten wieder verdrängt werden. Die Restitution der griechischen Kaisermacht in Konstantinopel unter Michael VIII. (1259–1282) aus der Dynastie der Paläologen verhalf dem byzantinischen Reich nochmals vorübergehend zu einer neuen Großmachtstellung im östlichen Mittelmeerraum, deren Fundamente aber sehr rasch ins Wanken gerieten. Der seinen Nachfolgern aufgezwungene zermürbende Mehrfrontenkrieg verschliß die Kräfte des Reiches. Es musste die völlige wirtschaftliche Abhängigkeit von den italienischen Seestädten Venedig und Genua hinnehmen und konnte den Verlust Kleinasiens an die Seldschuken, die über die bisher mühsam gehaltene Demarkationslinie hinausdrängten, nicht mehr abwenden. Auf der Balkanhalbinsel mußte man dem unaufhaltsamen Machtaufstieg Stefan Dušans weitgehend tatenlos zusehen. Der Serbenkönig dehnte seinen Herrschaftsbereich weit in den byzantinischen Süden hinein aus und ließ sich 1346 zum Kaiser (d. i. Zaren) der Serben und Griechen ausrufen. In der zweiten Hälfte des 14. Jahrhunderts schwächten die innerbalkanischen Rivalitäten unter den verfeindeten Feudalherren, die bürgerkriegsähnliche Zustände heraufbeschworen, die Abwehrkräfte der christlichen Balkanvölker gegen die islamische Bedrohung und machten sie so zu einer leichten Beute der osmanischen Eroberer. 1352 hatten diese erstmals auf dem europäischen Festland in Gallipoli (griech. Kallipolis) einen Brückenkopf errichtet. Innerhalb eines halben Jahrhunderts brachen sie in raschen Vorstößen den erlahmenden Widerstandswillen lokaler Machthaber. Vereinzelte Aufstandsversuche schlugen sie in den denkwürdigen Schlachten an der Marica (1371), auf dem Amselfeld/ Kosovo Polje (1389) und bei Varna (1444), die sich tief ins kollektive Gedächtnis der Balkanvölker eingegraben haben, blutig nieder. Die Osmanen hatten längst die Balkanhalbinsel unter Kontrolle, und ihre Vorposten standen schon an der Adria und an der Donau, als sie den direkten Angriff auf die letzte in der Region noch verbliebene Bastion, die Kaiserresidenz, wagten. Am 29. Mai 1453 erzwangen die türkischen Truppen nach siebenwöchiger Belagerung den Durchbruch durch den mehrfachen Mauerring Konstantinopels. Der letzte byzantinische Kaiser Konstantin XII. fiel im blutigen Straßenkampf. Mohammed II. konnte als erfolgreicher «Eroberer» feierlich einziehen und die Metropole der östlichen Christenheit in Besitz nehmen.

Nach 1453 löste für ein halbes Jahrtausend der türkische Sultan die christliche Kaisermacht am Bosporus ab. Südosteuropa gewann in dieser Zeit als Schauplatz der militärischen und ideologischen Konfrontation zwischen Islam und Christentum, zwischen dem Sultan in Istanbul und dem Kaiser in Wien, eine weltgeschichtlich bedeutsame Sonderstellung in der europäischen Politik. Die christlichen Balkanvölker lebten zwischen den wechselnden Fronten der Kriegsparteien. Sie hatten als abhängige Untertanen die Lasten der militärischen und ideologischen Auseinandersetzungen zu tragen. Seit dem Ende des 18. Jahrhunderts rief der sich abzeichnende Niedergang des Osmanischen Reiches die mächtigen Randstaaten auf den Plan und lieferte die Balkanhalbinsel erneut den konkurrierenden Machtinteressen der Großmächte aus. Unter deren Schutz konnten die Balkanvölker sich zwar aus dem Türkenjoch befreien und eigene Staaten gründen, die aber ohne Hilfe von außen kaum überlebensfähig waren und vom Wohlwollen der jeweiligen Schutzmächte abhängig blieben.

Die Umsetzung des Selbstbestimmungsrechts am Ende des Ersten Weltkrieges brachte den kleinen Völkern in Ostmittel- und Südosteuropa nur vorübergehend die ersehnte Eigenständigkeit. Unsichere Grenzen, schwelende Nachbarschaftskonflikte wegen der strittigen Grenzregelungen und der ungelösten Minderheitenfragen und die verheerenden Folgen der Weltwirtschaftskrise verhinderten den Auf- und Ausbau parlamentarisch-demokratischer Strukturen und ebneten in allen Ländern Südosteuropas autoritären Regimen («Königsdiktaturen») den Weg. Die Anpassungskrisen in den Balkangesellschaften der Zwischenkriegszeit boten in der Folgezeit dem nationalsozialistischen Deutschland, dem italienischen Faschismus und schließlich dem Kommunismus sowjetischer Prägung nochmals die Chance, ihre jeweiligen Hegemonialansprüche geltend zu machen und den Bewohnern der Balkanregion vorübergehend erneut eine umfassendere Raumordnung und eine von außen gesteuerte Ideologie aufzuzwingen.

Der christliche Balkan

Im gegenwärtigen Selbstverständnis fast aller Balkanvölker haben die religiösen Wurzeln der nationalen Identität einen besonders hohen Stellenwert. Auch wohlwollende ausländische Beobachter sind geneigt, der engen Verbindung von Konfession und Nation und der Kirchenzugehörigkeit eine nachhaltige Wirkung beizumessen, die selbst noch in einer modernen säkularisierten Gesellschaft ihre unübersehbaren Spuren hinterläßt. Die religiös-kirchlichen Zuordnungen, die sich umrißhaft noch aus den veralteten Konfessionsstatistiken ableiten lassen, werden in ihrer historischen Tiefendimension und in ihrer nachwirkenden Bindekraft allerdings häufig überschätzt. Die konsequente Konfessionalisierung ist eine verspätete Begleiterscheinung moderner Homogenisierungsbemühungen in den einzelnen Balkangesellschaften gewesen. Zuvor stand der von beiden Kirchenzentren in Konstantinopel und Rom vertretene Universalitätsanspruch der christlichen Heilslehre einer Gleichsetzung von Ethnos und Konfession entgegen. Römischer Zentralismus und die weitgehende Gräzisierung der orthodoxen Kirchenführung ließen nationalkirchlichen Bestrebungen nur geringe Entfaltungsmöglichkeiten. Zudem haben politische Einflußnahmen, erfolgreiche lokale Unionsbemühungen sowie freiwilliger oder erzwungener Glaubenswechsel während der Osmanenzeit dazu beigetragen, die bestehenden Konfessionsgrenzen zu verwischen. Der Islam selbst hat sich in der Balkanregion nie als eine exklusive Religion verstanden, die allein der osmanischen Herrenschicht vorbehalten bleiben sollte.

Die Voraussetzungen für eine Politisierung der Religionsfrage waren schon in der Frühphase der christlichen Missionierungsbemühungen im Donau- und Balkanraum angelegt. Angesichts der offenkundigen Rivalitäten zwischen dem Ökumenischen Patriarchat in Konstantinopel und dem päpstlichen Rom wurde die Fürstentaufe zu einem hochpolitischen Akt. Der öffentliche Vollzug verlangte den heidnischen Herrschern nicht nur ein persönliches Glaubensbekenntnis ab, sondern schloß auch eine weitgehende politische Loyalitätsverpflichtung ein. Die offizielle Aufnahme in die christliche Völkerrechtsgemeinschaft brachte im Gegenzug der herrschenden Dynastie einen zusätzlichen Prestigegewinn. Er festigte den monarchischen Staatsgedanken gegenüber einer sich konsolidierenden Adelsgesellschaft, die eigene Rechte reklamierte und Mitsprachemöglichkeiten einforderte.

Die Christianisierung der Balkanhalbinsel erfolgte in mehreren Phasen. Die Erfolge erster Missionierungsversuche, die von den römischen Legionslagern im Donauraum aus in das balkanische Hinterland vorgetragen wurden, wurden im Zuge der slawischen Landnahme wieder weitgehend zunichte gemacht. Den dauerhaften Aufbau einer Kirchenorganisation außerhalb des adriatischen Küstenstreifens brachte erst die Slawenmission. An der südöstlichen Grenzzone des Frankenreiches hatten die Erzbistümer und Bistümer Aquileja, Salzburg, Freising, Passau und Regensburg schon frühzeitig ihre Missionsfelder abgesteckt. Im Jahre 863 öffnete die Einladung des Fürsten Rastislav zur Missionsarbeit im Großmährischen Reich vorübergehend griechischen Missionaren den Weg bis nach Mitteleuropa. Die beiden Slawenlehrer Kyrillos und Methodios, die im Auftrag des byzantinischen Kaisers dem Ruf gefolgt waren, brachten erste slawische Übersetzungen der liturgischen Bücher und ein der Lautung der slawischen Sprache angepaßtes neues Schriftsystem mit. Diese sog. glagolitische Schrift (Glagolica) wurde erst in der zweiten Missionierungsphase auf bulgarischem Boden seit dem Ende des 9. Jahrhunderts vom kyrillischen Alphabet abgelöst, dessen Buchstaben zur Hälfte dem Griechischen entlehnt sind. Das Brüderpaar legte den Grundstein für die griechisch-byzantinische Slawenmission, die sich im Unterschied zur lateinischen Kirche der Volkssprache bediente. Die Fernwirkung der kyrillo-methodianischen Traditionen reichte bis zu den Ostslawen in der Kiever Rus'. Nach dem erzwungenen Rückzug der griechischen Missionare aus dem Großmährischen Reich im Jahre 885 festigte sich zwischen den Missionsfeldern der lateinischen und der byzantinischen Kirche eine Demarkationslinie, die nur den nordwestlichen und nördlichen Teil der Balkanhalbinsel im Einzugsbereich des Papstes beließ. Im Donauraum geboten nach der ungarischen Landnahme im 10. Jahrhundert die Taufe des Arpadenherrschers Stephan des Heiligen und seine Vermählung mit Gisela, der Schwester Herzog Heinrichs von Baiern, sowie die Gründung des Erzbistums Gran/Esztergom im Jahre 1000 den missionarischen Unternehmungen der bairischen Bistümer Einhalt. Sie beendeten gleichzeitig die Aktivitäten der griechisch-byzantinischen Kirche in Ungarn, deren Missionare schon in Siebenbürgen Fuß gefaßt hatten und vom Familienclan der Mutter Stephans, den Gyulas, unterstützt worden waren. In der ungarischen Reichskrone, der sog. Stephanskrone, ist diese anfängliche Zwischenstellung Ungarns zwischen der griechischen und lateinischen Kirche noch bildhaft in dem zweigeteilten Aufbau mit dem unteren Kronreifen und den byzantinischen Emailplatten aus dem 11. Jahrhundert (corona graeca) und der aufgesetzten corona latina aus dem 12./13. Jahrhundert sichtbar zum Ausdruck gebracht. In Serbien, das sich in der Küstenzone schon weitgehend dem lateinischen Einfluß geöffnet hatte, fiel die Entscheidung zugunsten einer byzantinischen Orientierung erst endgültig zu Anfang des 13. Jahrhunderts, als sich der hl. Sava, der geistliche Bruder des Nemanjidenherrschers Stefans des Erstgekrönten, von dem griechischen Patriarchen in Nikaia (Nizäa) zum Erzbischof weihen und mit dem Aufbau einer eigenen serbischen Kirchenorganisation betrauen ließ. Das Brüderpaar an der Spitze von Staat und Kirche repräsentierte in augenfälliger Weise die Grundidee der byzantinischen politischen Theologie, die von einem harmonischen Zusammenwirken (griech. symphonia) der obersten weltlichen und kirchlichen Gewalten ausging. Ihren künstlerischen Ausdruck fand sie in den Freskenmalereien der reichdotierten Klostergründungen der Herrscherfamilie (u. a. Studenica, Mileševo, Peć, Morača, Sopoćani) und ihre literarische Ausgestaltung in den Viten serbischer Herrscher und Kirchenführer des 13. und 14. Jahrhunderts.

Der «orthodoxe Balkan» als eine Kulturzone eigener Prägung, die sich scharf abgrenzt von der Westkirche, ist allerdings ein gedankliches Konstrukt, das der Alltagswirklichkeit in multiethnischen und konfessionell gemischten Siedlungsräumen nicht gerecht wird. Die Unterschiede zwischen Ost- und Westkirche sind unleugbar. Ein Jahrtausend der Trennung seit der Kirchenspaltung von 1054 hat unverwischbare Spuren hinterlassen. Sie zeigen sich im äußeren Erscheinungsbild und in der künstlerischen Ausgestaltung der Kirchenbauten, im Vollzug der liturgischen Handlungen, in den unterschiedlichen Akzentuierungen des Schriftverständnisses und in den abweichenden Organisationsstrukturen ebenso wie in der Frage der Abgrenzung des weltlichen vom geistlichen Bereich und des innergesellschaftlichen

Auftrages der Kirche. Die Auswirkungen, die theologische Kontroversen in strittigen Einzelfragen (Filioque, Azymen, Fegefeuer, Primat des Papstes) auf den Alltag einer weithin analphabetischen bäuerlichen Bevölkerung ausgeübt haben, sollten aber nicht überbewertet werden. Selbst nach der offiziellen Kirchentrennung ist der Gesprächskontakt unter den fachkundigen Kirchenmännern nie ganz abgerissen. Trotz der fortdauernden päpstlichen Unionsbemühungen, die in der offiziellen Kirchenpolitik für Mißstimmung sorgten und Gegenkräfte mobilisierten, kennt die griechische Theologiegeschichte der Türkenzeit nicht wenige kirchliche Würdenträger und gebildete Theologen, die aus den Glaubensquellen beider christlicher Großkirchen schöpften. Der aus Arta stammende spätere Athosmönch Michael Trivolis, der 1518 als Übersetzer an den Moskauer Metropolitenhof kam (russ. Maksim Grek), hatte in Padua, Vercelli und Bologna studiert und war in Florenz vorübergehend in den Bannkreis des Dominikaners Savonarola geraten. Im geistigen Umfeld Venedigs und Paduas hatten mehrere herausragende religiöse Humanisten der griechischen Kirche ihre theologische Ausbildung absolviert. Dazu zählen u. a. Gabriel Severos aus Monemvasia, seit 1577 Metropolit von Philadelphia mit Sitz in Venedig, Meletios Pegas aus Kreta, der spätere Patriarch von Alexandrien (1590–1601) und Onkel des Kyrillos Lukaris, des umstrittenen und kalvinistischer Neigungen verdächtigten Patriarchen von Konstantinopel (1620–1638), der gelehrte Aristoteliker und zeitweilige Metropolit von Arta und Naupaktos Theophilos Korydaleus († 1646) sowie Maximos Margunios († 1602) aus Kreta, der spätere Metropolit von Kythera. Unter den ersten Schülern des 1577 von Papst Gregor XIII. gegründeten Griechischen Kollegs St. Athanasios in Rom finden sich bedeutende orthodoxe bzw. unierte Theologen wie Petros Arkudios († 1633), Leon Allatios († 1669), Johannes Matthaios Karyophylles († nach 1693) und Meletios Syrigos († 1663).

Eine dichotomische Gegenüberstellung von Ost- und Westkirche übersieht die doch erheblichen inneren Differenzierungen und lokalen Besonderheiten. Sie lassen es in historischer Perspektive angeraten erscheinen, für den Balkanraum nicht von der «Orthodoxie» als einer festen Bezugsgröße zu sprechen. Sachdienlicher ist es, im jeweiligen zeitlichen Kontext die Kirchenorganisationen in den einzelnen Herrschaftsbereichen und Ländern in den Blick zu nehmen. Während der Osmanenzeit tendierte die Anwendung des islamischen Fremdenrechts zu einer Bevorzugung des Ökumenischen Patriarchen in Konstantinopel/Istanbul. Als Ethnarch fiel ihm die Aufgabe zu, am Sultanshof für alle orthodoxen Christen zu sprechen und damit auch die Gesamtverantwortung für das Wohlverhalten der christlichen Untertanen des Sultans in der Balkanregion zu übernehmen. Diese politische Rolle des Patriarchen förderte eine faktische Gräzisierung der lokalen Kirchenleitungen. Schon vor der endgültigen Auflösung der selbständigen Erzbistümer in Ipek/Peć (1766) und Ohrid (1767) wurden bei der Besetzung vakanter Bischofssitze in zunehmendem Maße griechische Theologen bevorzugt, ein Ärgernis in den Augen der einheimischen Kleriker, das erhebliche Mißstimmung gegenüber den fremden Hierarchen erzeugte und in der nichtgriechischen Bevölkerungsmehrheit zwangsläufig nationalkirchliche Bestrebungen provozierte. Bei deren Umsetzung nahm man teilweise die Konfrontation und schließlich selbst den Bruch mit dem Patriarchat billigend in Kauf. Nach den Staatsgründungen ist durchgehend in allen Balkanstaaten zu Lasten des Ökumenischen Patriarchen eine Angleichung der Kirchengrenzen an die neuen politischen Gegebenheiten herbeigeführt worden.

III. Mittelalter und Türkenzeit

Mittelalterliche Balkanreiche

In der Erinnerungskultur der heutigen Balkanstaaten hat das historische Argument, die Rechtfertigung der Gegenwart aus der Vergangenheit, einen sehr hohen Stellenwert. Die Auswahl denkwürdiger Ereignisse der Volksgeschichte fand schon in der Phase der sog. Wiedergeburt als Instrumentarium zur Identitätsstiftung und zur Mobilisierung der Massen Verwendung. Die Wortführer der Freiheitsbewegungen gegen das Sultansregime beschworen frühere Glanzzeiten der Eigenständigkeit, um die Lethargie einer an die bestehenden Herrschaftsverhältnisse gewöhnten bäuerlichen Gesellschaft zu überwinden und das schwierige Werk der nationalen «Erweckung» voranzubringen. Die Erinnerung an die mittelalterlichen Reichsbildungen diente gleichzeitig zur Begründung und historischen Legitimierung weitergehender territorialer Ansprüche bei den anstehenden Grenzregelungen. Die «Große Idee» (griech. megale idea) der Griechen propagierte eine Wiedererstehung des byzantinischen Reiches und der griechischen Vorrangstellung im östlichen Mittelmeer. Eine vergleichbare Funktion hatten bei den Rumänen der Dako-Romanismus und der Rückverweis auf das Großreich des Dakerkönigs Burebista (70–44 v. Chr.) im ersten vorchristlichen Jahrhundert. Zusammen mit den Heroen des Türkenkampfes, Mircea dem Alten und Stefan dem Großen, ist Burebista zu einer Symbolfigur in der nationalrumänischen Geschichtsschreibung und im Geschichtsunterricht in den Schulen geworden. Den Bulgaren gaben die Erfolgsgeschichte der protobulgarischen Chane, deren Herrschaftsbereich sich unter Chan Simeon (893–927) am Anfang des 10. Jahrhunderts bis vor die Mauern Konstantinopels erstreckte, und die spätere innerbalkanische Vormachtstellung des Asenidenreiches unter Ivan Asen II. (1218–1241) berechtigten Anlass zum Nationalstolz.

Bei den Serben bot das Großreich der Nemanjiden unter Stefan Uroš IV. Dušan (serbischer König seit 1331, Zar von 1346–1355) einen Orientierungsrahmen für die territoriale Umsetzung der nationalen Ambitionen. Eine vergleichbare Rolle spielten im historischen Gedächtnis der Kroaten die frühmittelalterliche Königsherrschaft Tomislavs († 928), bei den Albanern der erfolgreiche Türkenkämpfer Georg Kastriota genannt Skanderbeg († 1468) und in Bosnien Ban Tvrtko I. Kotromanić († 1391), der seit der Königskrönung 1377 Herrschaftsansprüche auch über die serbischen und kroatischen Stammesgebiete geltend machte. Bei den Ungarn, die im Friedensvertrag in Trianon 1920 einschneidende Gebietsabtretungen hinnehmen mußten, blieben weiterhin die alten Grenzen des Reiches der Stephanskrone fest verankert im Gedächtnis der Zeitgenossen. Ihre Rückgewinnung wurde in der Zwischenkriegszeit als nationale Verpflichtung an die heranwachsende Generation weitergegeben.

Die durchgehende Vereinnahmung der früh- und hochmittelalterlichen innerbalkanischen Herrschaftsgründungen für aktuelle Belange der Gegenwart ist inhärenter Bestandteil einer historischen Mythenbildung in den modernen Nationalstaaten Südosteuropas. Dieses selektive Verfahren im Umgang mit der Vergangenheit ist allen nationalen Geschichtskonzeptionen eigen. Ihren vornehmlich erzieherischen Zielsetzungen kommen die fließenden Übergänge von Mythen und Geschichte entgegen. Im populären Geschichtsverständnis in den Balkanländern rechnet man immer noch mit ungebrochenen Kontinuitätslinien über mehrere Jahrhunderte hinweg und ignoriert weitgehend gravierende Umbrüche und Umschichtungen in den demographischen Entwicklungen auf der Balkanhalbinsel. Die von der vergleichenden Ethnogenese- und Nationalismusforschung gewonnene Erkenntnis, daß auch Völker ihre Geschichte haben und die modernen Nationen keine statischen Gebilde, sondern vorläufige Endprodukte eines fortdauernden Umstrukturierungsprozesses sind, der sich nicht unbesehen in eine ferne Vergangenheit zurückverlegen läßt, bleibt nur schwer vermittelbar.

Die verständliche, aber einseitige Binnensicht der modernen Nationalgeschichtsschreibung neigt dazu, die vorgegebenen machtpolitischen Rahmenbedingungen zu vernachlässigen und die fortdauernde Abhängigkeit der Balkanvölker von bestimmenden externen Wirkungsfaktoren zu unterschätzen. Die frühmittelalterlichen Reiche der einzelnen Balkanvölker entstanden nicht in einem rechtsfreien Raum. Es waren Herrschaftsbildungen auf ehemaligem römischem Reichsterritorium, und ihr Fortbestand mußte gegen die von den byzantinischen Kaisern beanspruchte Territorialhoheit durchgesetzt und behauptet werden. Ihre Entstehung ist daher in der Regel in einem engeren Zusammenhang mit kriegerischen Auseinandersetzungen um die Gebietsherrschaft und als Ergebnis gewaltsamer Okkupation oder einvernehmlicher bilateraler Absprachen zu sehen.

Die Slawen im Ostalpenraum waren schon früh in den Einzugsbereich der baierisch-fränkischen Südostexpansion geraten. Das Herzogtum Karantanien des 7./8. Jahrhunderts, dessen Territorium Kärnten, Obersteiermark und Teile der Untersteiermark umfaßte und das von den Slowenen als Beginn ihrer frühmittelalterlichen Staatlichkeit reklamiert wird, verlor dabei sehr schnell wieder seine kurzzeitige Eigenständigkeit. Es wurde um 745 tributpflichtiger Außenposten der bairischen Herzöge und schließlich in das Frankenreich integriert. Die Slowenen blieben bis 1918 Untertanen des Heiligen Römischen Reiches bzw. des Habsburgerreiches. Den einwandernden Kroaten und Serben soll nach dem Bericht des Kaisers Konstantin VII. Porphyrogennetos (913–959) aus der Mitte des 10. Jahrhunderts Kaiser Herakleios (610–641) die Wohnsitze zugewiesen haben. Bei den Kroaten hatte die unter Fürst Tomislav um 925 erreichte königliche Machtstellung im nordwestlichen Balkan nur relativ kurzen Bestand. Das erfolgreiche Ausgreifen Venedigs auf die Hafenstädte in der dalmatinischen Küstenzone und die magyarische Landnahme im pannonischen Raum beschnitten die weiteren Entwicklungsmöglichkeiten. 1102 besiegelte die vertragliche Vereinbarung der kroatischen Adeligen mit dem ungarischen König Koloman (sog. Pacta conventa) eine ungarisch-kroatische Personalunion, die bis 1918 andauerte. Auch unter den Serben hatte die erste Phase eigenständiger Herrschaftsgründungen im 11. Jahrhundert unter Führung des Fürsten Stefan Vojislav in der Zeta (Montenegro) und unter Einbeziehung der nach dem lateinischen Westen orientierten Küstenzone Duklja (Diokletien) zunächst nur kurzen Bestand.

Die Gründung des sog. Ersten Bulgarischen Reiches (681–1018) ist das Ergebnis einer gewaltsamen Usurpation der turkstämmigen Proto-Bulgaren, die 679/80 den Übergang über die untere Donau erzwungen hatten und sich in den nordöstlichen Slawengebieten um Varna verschanzten. Der bedrohlichen Expansion der Bulgarenchane, die zeitweise ihren Herrschaftsraum bis zur Adria und in das Vorfeld Konstantinopels ausdehnten, setzte erst die erfolgreiche byzantinische Reconquista ein Ende. Kaiser Basileios II. (963–1025) unterwarf nach verlustreichen Feldzügen endgültig im Jahre 1018 die ungebetenen Eindringlinge und schmückte sich seither mit dem Ehrentitel des «Bulgarenschlächters» (griech. Bulgaroktonos).

Ein Jahrhundert später boten die fortdauernden macht- und kirchenpolitischen Rivalitäten zwischen Konstantinopel und Rom sowohl den Serben wie den Bulgaren erneut die Chance, sich der byzantinischen Oberherrschaft zu entziehen. In beiden Fällen spielte anfangs die vom Papst übersandte Königskrone eine wichtige Rolle im diplomatischen Ränkespiel. Die Geburtsstunde des Zweiten Bulgarischen Reiches (1185–1393/96) läutete ein erfolgreicher Aufstand ein, der von den Brüdern Peter und Asen unter aktiver Beteiligung walachischer und kumanischer Hilfstruppen angeführt wurde. In ihrer Herrschertitulatur machten die Aseniden auf dem Höhepunkt der innerbalkanischen Vorrangstellung unter Ivan Asen II. das Anrecht auf die Nachfolge der byzantinischen Kaiser geltend. Am 9. März 1230 hatten sie in der Schlacht bei Klokotnica die hochfliegenden Pläne des epirotischen Konkurrenten Theodoros Angelos zerschlagen. Ein Jahrhundert später folgte der serbische Zar Stefan Dušan diesem Beispiel. Der Aufstieg der Nemanjidendynastie wurde begünstigt durch den 4. Kreuzzug und die Eroberung Konstantinopels durch die Lateiner im Jahre 1204. Er bannte für ein halbes Jahrhundert die drohende Interventionsgefahr durch die byzantinischen Kaiser. 1241 schalteten die bis in den Donauraum vorstoßenden Mongolen vorerst auch die ungarischen und bulgarischen Mitkonkurrenten aus. Nach der siegreichen Schlacht bei Velbužd (Kjustendil) am 28. Juli 1330 waren die Bulgaren gezwungen, den Serben die Vormachtstellung zu überlassen. 1331 verdrängte Stefan Dušan seinen Vater vom Herrscheramt und brachte auf mehreren Eroberungszügen nach Mazedonien und Thrakien große Teile des südwestlichen Balkans unter seine Kontrolle.

Am Vorabend der osmanischen Eroberung war die Balkanhalbinsel dominiert von rivalisierenden Partikularinteressen kleinräumiger Fürstenherrschaften. Die byzantinischen Kaiser der Paläologendynastie hielten zwar weiterhin an der nominellen Gebietshoheit fest, zu ihrer Durchsetzung fehlten ihnen aber die notwendigen Druckmittel. Sie waren schließlich zur Verteidigung der kaiserlichen Residenz auf westliche Waffenhilfe angewiesen. Der Kleinstaatenwelt der christlichen Balkanvölker des 14. Jahrhunderts fehlte der innere Zusammenhalt, um der drohenden islamischen Gefahr in einer solidarischen Gemeinschaftsaktion erfolgreich begegnen zu können und rechtzeitig eine wirksame Abwehrfront aufzubauen. Kreuzzugsunternehmungen unter Beteiligung abendländischer Ritter, die in letzter Minute den erhofften militärischen Beistand bringen sollten, scheiterten kläglich, so ein ungarisches und französisches Truppenaufgebot am 25. September 1396 bei Nikopolis an der Donau und am 10. November 1444 der von Kardinal Julian Cesarini begleitete jungendliche König von Ungarn und Polen aus der Jagiellonendynastie Vladislav III. vor Varna.

Die Balkanhalbinsel ist ohne massive Gegenwehr den aus Kleinasien eindringenden Osmanen zugefallen. Die sagenumwobene Schlacht auf dem Amselfeld (Kosovo) am 15. Juni, dem St. Veitstag (serb. Vidovdan), im Jahre 1389 ist nur eine der aufsehenerregenderen Episoden in dieser erbitterten Auseinandersetzung um die Vorherrschaft gewesen. In der Endphase verlief die Kampflinie nicht mehr zwischen Christentum und Islam. Nicht wenige christliche Fürsten hatten inzwischen die Seiten gewechselt und kämpften mit ihren Hilfstruppen im osmanischen Heer. Am 29. Mai 1453 mußten auch die verbliebenen Verteidiger der stolzen Kaisermetropole Konstantinopel, die mehrere Wochen den Angriffe der türkischen Belagerer getrotzt hatten, ihren vergeblichen Widerstand einstellen. Die Hagia Sophia, der geschichtsträchtige Symbolbau der orthodoxen Ökumene, wurde in eine Moschee umgewandelt. Aus der Krönungskirche der byzantinischen Kaiser wurde eine zentrale Gebetsstätte der islamischen Sieger. Seit 1934 steht sie als Museum und als schützenswertes Denkmal des UNESCO-Weltkulturerbes allen Besuchern zur Verfügung.

Pax Ottomanica – der islamische Balkan

Fremdherrschaft hat zu allen Zeiten einen schlechten Ruf. In den Balkanländern blieben nach der osmanischen Eroberung bei den unmittelbar Betroffenen vor allem die Grausamkeiten des Türkenkampfes und die Schreckbilder der Verwüstungen in der Erinnerung haften. Die schlimmen Kriegserfahrungen der Erlebnisgeneration prägten die Berichterstattung über die Türkengreuel in den zeitgenössischen Flugschriften und illustrierten Flugblättern. Die durchgehend negativen Stereotypen haben sich tief im kollektiven Gedächtnis der nachfolgenden Generationen eingegraben, die der verlorenen Freiheit nachtrauerten und sich nach Befreiung vom Türkenjoch sehnten. Sie sahen in den osmanischen Kriegszügen nur die Blutspur asiatischer Horden und in den neuen Herren vornehmlich die grausamen barbarischen Unterdrücker. Das negative Türkenbild diente in allen Balkangesellschaften zur Abgrenzung von einer unseligen Vergangenheit und ihrer marode Hinterlassenschaft, nicht selten aber auch als bequeme Entschuldigung für eigene Versäumnisse in der nachosmanischen Phase der Eigenständigkeit. Aus dem Geschichtsbild der christlichen Balkanvölker weitgehend ausgeblendet blieben positive Aspekte der Türkenzeit. Kaum mehr wahrgenommen wurde in der innerbalkanischen Erinnerungskultur das Osmanische Reich als raumbeherrschende und friedenssichernde Ordnungsmacht in der Region. Die relative religiöse Toleranz der muslimischen Herren blieb ebenso wenig in der Erinnerung haften wie die teilweise über 500jährige Türkenherrschaft als eine alle Lebensbereiche prägende Kulturepoche, die ein erträgliches Zusammenleben der Ethnien, Sprachen und Religionen ermöglichte und symbiotische Gemeinsamkeiten in den nachbarschaftlichen Beziehungen auf lokaler Ebene begünstigte.

Die Verbindung einer absolutistischen und streng militaristischen Regierungsform mit einer weitgehenden Kultus- und Verwaltungsautonomie der unterworfenen Bevölkerung zählt zu den Eigentümlichkeiten der osmanischen Herrschaftsordnung. Die politische, soziale, rechtliche und wirtschaftliche Privilegisierung der zahlenmäßig geringen Herrenschicht gründete sich ausschließlich auf das Bekenntnis zum Islam. Christlichen Renegaten stand daher der Aufstieg bis zu den höchsten Würden des Reiches offen. Die Großwesirsfamilie der Köprülü, die im 17. Jahrhundert bestimmenden Einfluß auf die Staatsführung gewann, war albanischer Abstammung, Großwesir Mehmed Sokollu ein Serbe (serb. Sokolović). Tragende Säule des osmanischen Staates war ein Lehenssystem, das byzantinischen Praktiken der bedingten Landvergabe (sog. Pronoia-System) nachempfunden war. Die Übertragung eines Lehensgutes mit untertänigen, mehrheitlich christlichen Bauern sicherte dem muslimischen Besitzer (spahi) den notwendigen Lebensunterhalt und dem Staat eine schlagkräftige Lehensreiterei. Der christlichen Balkanbevölkerung blieb das Schicksal der Leibeigenschaft erspart. Die Bauern waren Schutzbefohlene des Sultans, sog. raya (d. i. Herde), und nicht der Willkür der jeweiligen Landbesitzer ausgeliefert. Mit der Kopfsteuer, die sie als Gegenleistung für die Bodennutzung zu erbringen hatten, waren ihre Verpflichtungen für den osmanischen Staat abgegolten. Im öffentlichen Leben hatten alle Nichtmuslime diskriminierende Auflagen zu beachten. Das islamische Fremdenrecht gestand ihnen aber eine weitgehend autonome Regelung ihrer eigenen Angelegenheiten innerhalb ihrer jeweiligen religiösen Organisationen (Vorformen des später durchstrukturierten sog. Millet-Systems). Der Ökumenische Patriarch gewann auf diese Weise nach 1453 als Sprecher (Ethnarch, osman. millet-başı) der orthodoxen Untertanen am Sultanshof die Führungsrolle für alle orthodoxen Balkanchristen zurück, die er in der Endphase des byzantinischen Reiches längst an autonome Kirchen unter den Gläubigen slawischer Zunge verloren hatte. Die Serben verdankten nur der Intervention ihres Landsmannes, des Großwesirs Mehmed Sokollu, die Restitution einer autokephalen Kirchenorganisation unter dem Patriarchen von Peć/Ipek im Jahre 1557. Erst 1766 erreichte die griechische Kirchenführung ihre endgültige Aufhebung.

Zwangsislamisierungen hat es unter der Osmanenherrschaft nur in Ausnahmefällen gegeben. Die demographischen Auswirkungen der sog. Knabenlese, d. i. periodisch wiederkehrende Zwangsrekrutierungen in den christlichen Dörfern für die Elitetruppe des Sultans (Janitscharen), werden in der nationalen Geschichtsschreibung der Balkanvölker maßlos übertrieben. Andererseits ist nicht zu übersehen, daß es aus unterschiedlichen Beweggründen in Teilregionen der Balkanhalbinsel vornehmlich im Verlauf des 17. und 18. Jahrhunderts durchaus zu freiwilligen Massenübertritten zum Islam gekommen ist. Davon betroffen waren vor allem die Flachlandgebiete und Städte des albanischen Siedlungsraumes, das Territorium Bosniens sowie das heutige Südbulgarien bzw. Nordgriechenland. Der muslimische Bevölkerungsanteil erreichte hier teilweise über 80%. Nachfahren dieser Renegaten sind in der Gegenwart in Südosteuropa die muslimischen Bosniaken, die Pomaken (bulgarische Muslime) in den Rhodopen oder die Torbeši in Makedonien.

Gemeinsame Hinterlassenschaft der Osmanenzeit in Südosteuropa sind die freibäuerliche Agrarstruktur, das Fehlen einer bodenständigen Aristokratie und eine schwach entwickelte Bourgeoisie. Erblast der Vergangenheit ist eine strukturelle Rückständigkeit und ein tief verwurzeltes Mißtrauen gegenüber der Obrigkeit. Die christlichen Balkangesellschaften verharrten bis ins 20. Jahrhundert hinein weitgehend in ihren agrarisch geprägten Strukturen und hatten längst den Anschluß an die stürmische mittel- und westeuropäische Wirtschaftsentwicklung verloren. Die nationalen Regierungen mußten nach der Befreiung vom Türkenjoch mit völlig unzulänglichen Investitionsmitteln gegen die alltäglichen Unzulänglichkeiten einer im ländlichen Raum kaum ausgebauten Infrastruktur ankämpfen. Auf diesem Nährboden überlebten paternalistische Traditionen und klientelistische Verhaltensweisen, die die Umstellung auf die aus dem Westen übernommenen parlamentarischen Regierungsformen und demokratischen Gepflogenheiten erschwerten und in der Gegenwart den Aufbau einer modernen Zivilgesellschaft immer noch erheblich behindern.

Europa und die «Orientalische Frage»

Die neuzeitliche Staatenentwicklung in Europa ist gekennzeichnet durch einen fortdauernden Hegemonialkampf unter den herrschenden Dynastien. In den zwischenstaatlichen Beziehungen spielten persönliche Animositäten und interne Familienangelegenheiten einzelner Monarchen keine geringe Rolle. Der Gegensatz zwischen den Häusern Habsburg und Bourbon hat über drei Jahrhunderte Europa in Atem gehalten, die Spannungen zwischen der katholischen und der protestantischen Linie der Wasa prägten maßgeblich die frühneuzeitliche Geschichte Schwedens und Polens. Die großen Herrscherfamilien waren durch vielfache Heiratsverbindungen untereinander verschwägert und nutzten die aus verwandtschaftlichen Beziehungen oder vertraglichen Absprachen resultierenden Erbansprüche zu weiteren Gebietsarrondierungen. Aus einer erfolgreichen Hausmachtpolitik und eher zufälligen dynastischen Unionen bildeten sich multiethnische Großreiche. Es handelte sich dabei um «zusammengesetzte Staaten», entstanden aus der erfolgreichen Sammlung von Herrschaftstiteln durch zielstrebige Inkorporierungen neuer Gebiete, die auf unterschiedlichen Wegen – mittels Eroberungen, Annexionen, Erbverträgen, Huldigungseiden, Schutzverträgen – hinzuerworben wurden. Auf diese Weise waren seit dem Ausgang des Mittelalters die Völker Ostmitteleuropas und Südosteuropas in den Sog expansiver Fürstenstaaten geraten, deren Herrscher auf eine weitere Mehrung der Macht und auf eine Ausweitung der Grenzen bedacht waren. Die Siedlungsgebiete der kleinen Völker wurden zur territorialen Verfügungsmasse, die im Konfliktfall in den zwischenstaatlichen Beziehungen zum Interessenausgleich eingesetzt wurde. Nur wenige Dynastien – die Wasa, die Hohenzollern, die litauischen Jagiellonen, die Wettiner, die Anjous und die Romanov – teilten sich die Herrschaft über weite Teile des östlichen Europa. Die Habsburger regierten im Heiligen Römischen Reich, in Burgund, in den Niederlanden, in Spanien und den überseeischen Besitzungen, in Neapel-Sizilien, Böhmen (1526–1918), Ungarn (1526–1918) und in Galizien (1772–1918), die Jagiellonen in Litauen und Polen (1386–1572), Böhmen (1471–1526) und Ungarn (1440–1444, 1490–1526). Die beiden Dynastien waren durch den Erbvertrag von 1515 verbunden. Als der Erbfall unverhofft nur wenige Jahre später mit dem Tode des kinderlosen Königs von Böhmen und Ungarn, Ludwigs II. (1516–1526), auf dem Schlachtfeld von Mohács (1526) eintrat, erhoben die Habsburger Anspruch auf die Nachfolge in Ungarn, scheiterten aber zunächst am Einspruch der siebenbürgischen Fürsten und des Sultans. Seit der Besetzung Budas durch türkische Truppen 1541 war Ungarn ein dreigeteiltes Land. Die Habsburger mußten sich für eineinhalb Jahrhunderte mit einem schmalen Gebietsstreifen im Nordwesten und mit Preßburg als provisorischer Hauptstadt dieses sog. Königlichen Ungarn abfinden.

Die osmanischen Eroberer Südosteuropas fügten sich zwangsläufig in die bestehende Territorialordnung des monarchischen Zeitalters in Europa ein. Nachdem ihr Vorstoß bis vor die Tore des kaiserlichen Wien 1529 gescheitert war, zeichnete sich eine militärische Pattsituation auf der Balkanhalbinsel ab. Die weitere Nordexpansion war jenseits der Donau ins Stocken geraten. Die Hospodare (Fürsten) der beiden Donaufürstentümer Walachei und Moldau leisteten erbitterten Widerstand gegen eine Einbeziehung in den Machtbereich des Sultans. Vorstöße türkischer Truppenverbände wurden in denkwürdigen Schlachten von Mircea dem Alten (rumän. Mircea cel Bştrîn), Fürst (Hospodar) der Walachei 1386–1418, bei Rovine im Olt-Tal 1395, von Stefan III. dem Großen (rumän. Ştefan cel Mare), Fürst (Hospodar) der Moldau 1457 bis 1504, bei Rahova (Vaslui) 1475 sowie von Michael dem Tapferen (rumän. Mihai Viteazul), Fürst der

Walachei 1593–1601, während des «Langen Türkenkrieges» (1593–1606) erfolgreich abgewehrt. Der Sultan begnügte sich mit der Durchsetzung einer tributären Abhängigkeit und mit einem Suzeränitätsverhältnis, das den Hospodaren eine politische Eigenständigkeit und erhebliche Bewegungsfreiheit in den Außenbeziehungen beließ. Auch im nordwestlichen kroatisch-slawonischen Bereich stabilisierte der zügige Ausbau der habsburgischen «Militärgrenze» (Konfin, lat. confinium militare) die christlich-abendländische Türkenfront. Im Zusammenwirken von König Ferdinand, dem Bruder Kaiser Karls V., und den innerösterreichischen Ständen war aus einzelnen eiligen Notmaßnahmen ein stabiles Verteidigungssystem zur Abwehr türkischer Einfälle entstanden. Die Notwendigkeit eines dauerhaften Schutzes vor den verheerenden Plünderungen, die weite Landstriche veröden ließen, hatte ständische Eigeninteressen zurücktreten lassen und dem Landesherrn eine für den Landesausbau folgenreiche Koordinierungsaufgabe zugewiesen. Tragende Elemente der Grenzverteidigung waren Wehrbauern, die unmittelbar an der Grenze zum osmanischen Machtbereich zur Niederlassung in einem geschlossenen Siedlungsgebiet mit eigener Verwaltungsstruktur angeworben wurden. Diese «freien Bauern und Soldaten» (K. Kaser) rekrutierten sich teilweise aus orthodoxen Balkanflüchtlingen. Ihnen wurde als Gegenleistung für ihren Militärdienst Kronland zur bedingten Nutzung überlassen. Außerdem wurden ihnen Steuerprivilegien und Autonomierechte eingeräumt. Seit 1553 unterstand die Militärgrenze einem einheitlichen militärischen Kommando unter dem innerösterreichischen Hofkriegsrat in Graz. 1566 übernahm Erzherzog Karl als Stellvertreter des Kaisers die Leitung des gesamten Grenzkriegswesens, 1577 wurde er zum Generalobristen der kroatischen und slawonischen Grenze ernannt. Die Militärgrenze erstreckte sich auf dem Höhepunkt ihres Ausbaus mit vier von einander unabhängigen Generalaten von der Adria bis nach Siebenbürgen. 1849 bildete sie vorübergehend ein eigenes Kronland. Bis zur endgültigen Auflösung im Jahre 1881 diente sie zur Vorfeldsicherung und als Pufferzone zwischen dem habsburgischen und osmanischen Machtbereich.

Die Türken hatten in das europäische Mächtesystem der frühen Neuzeit ein neues Unruheelement mit erheblicher Sprengkraft hineingebracht. Über diplomatische Kontakte zum französischen Königshof gewann der Sultan noch in der ersten Hälfte des 16. Jahrhunderts unmittelbaren Einfluß auf die abendländischen Hegemonialkämpfe. Den habsburgischen Hausinteressen drohte so in der europaweiten Auseinandersetzung mit den Bourbonen an mehreren Fronten gleichzeitig Gefahr. Die Nähe zur kaiserlichen Residenz räumte den Vorgängen auf der Balkanhalbinsel einen besonderen Stellenwert ein. Die immer bedrohlicher gegen die habsburgischen Erblande vorrückende Türkenfront zwang den Kaiser in Wien zu erhöhten Verteidigungsanstrengungen. Die dringend benötigte Türkenhilfe mußte auf den Reichstagen des Heiligen Römischen Reiches mit politischen Angeboten an die Reichsstände und Zugeständnissen in der Konfessionsfrage teuer erkauft werden. Erst mit der erfolgreichen Abwehr der zweiten türkischen Belagerung Wiens im Jahre 1683 gelang es dem Kaiser, die allgegenwärtige Türkengefahr dauerhaft zu bannen. Die vereinigten Kraftanstrengungen des christlichen Abendlandes leiteten den Niedergang der osmanischen Militärmacht ein. Herzog Karl von Lothringen († 1690) und der Polenkönig Johann (Jan) III. Sobieski (1674–1696) führten ein Entsatzheer heran und zwangen den Großwesir Mustafa am 12. September 1683 in der Schlacht am Kahlenberg zur Umkehr und zum fluchtartigen Rückzug. Die anschließende erfolgreiche Gegenoffensive der kaiserlichen Truppen, angeführt von den fähigsten zeitgenössischen Feldherren Prinz Eugen von Savoyen (1663–1737), Karl von Lothringen, dem badischen Markgrafen Ludwig Wilhelm I., dem «Türken-Louis» (1655–1707), und dem bayerischen Kurfürsten Max Emanuel (1662–1726), ermöglichte im folgenden Jahrzehnt die endgültige Rückeroberung Ungarns. Die an der «Heiligen Allianz» beteiligten Venezianer unter Francesco Morosini entrissen dem Sultan vorübergehend (1686–1715) die Herrschaft über die Halbinsel Morea (Peloponnes). Der Friede von Karlowitz 1699 bestätigte endgültig die Habsburger in ihrer Vormachtstellung im Donau- und Balkanraum. Das Osmanische Reich sah sich fortan auf der Balkanhalbinsel in die Defensive gedrängt, während sich Kaiser Leopold I. im befreiten Ungarn eine nur schwer integrierbare Adelsopposition einhandelte, deren Wortführer (u. a. die Grafen Miklós/Nikolaus und Péter Zrínyi, Ferenc/Franz Wesselényi, Imre/Emmerich Thököly, Franz/Ferenc Rákóczi) in mehreren «Verschwörungen» und bewaffneten Aufständen («Magnatenverschwörung» 1665–1671, sog. Kuruzzenkriege 1703–1711) gegen das mangelnde Engagement des Kaisers im Türkenkampf, gegen die drohende Mißachtung der ungarischen Eigenrechte durch die Wiener Zentrale und die Eingriffe der habsburgischen Gegenreformation in die Religionsfreiheit aufbegehrten.

Die Mehrheit der innerbalkanischen christlichen Bevölkerung hatte sich inzwischen längst mit der Niederlage gegen die osmanischen Eroberer abgefunden und das Sultansregime als gottgewollte Prüfung hinzunehmen gelernt. Die Auflehnung gegen die fremden Herren blieb generationenlang Einzelkämpfern überlassen. Dabei waren die Grenzen zu einem im kleinräumigeren Umfeld eingenisteten Räuberunwesen (vgl. griech. Klephten in der Doppelbedeutung Räuber und Freiheitskämpfer) fließend. Die militärischen Erfolge der verbündeten christlichen Mächte nach der zweiten Belagerung Wiens 1683 nährten zwangsläufig die Hoffnungen auf eine weitere Zurückdrängung der osmanischen Truppen. Eine völlige Befreiung vom Türkenjoch rückte in greifbare Nähe. Die unübersehbare Schwäche der osmanischen Militärmacht weckte den Mut zum Widerstand. Unmut erregten mit zunehmender Schwäche der Reichszentrale Korruption und Machtmißbrauch lokaler Amtsträger, die aktiven Widerstand provozierten und nach geeigneten Mitteln kollektiver Gegenwehr suchen ließen. Der Aufstand der Serben im Paschalik Begrad im Jahre 1804 z. B., der sich rasch zu einem Flächenbrand ausweitete, war zunächst nicht gegen das Sultansregime im fernen Istanbul gerichtet, sondern hatte lokale Mißstände im Visier. Eine neue Qualität erreichte der Abwehrkampf der christlichen Balkanvölker mit der griechischen Erhebung im Jahre 1821. Die logistischen Planungen sahen ein koordiniertes Vorgehen in mehreren Aufstandsgebieten (Donaufürstentümer, Peloponnes) vor und setzten bewußt auf die Interventionsbereitschaft der Monarchen des christlichen Europa. Diesen war der kühne Gedanke einer Generallösung der sog. Orientalischen Frage durchaus nicht fremd.

Schon früher drängten unterschiedliche Interessengruppen, allen voran die zahlreichen griechischen Gelehrten, die nach dem Fall Konstantinopels Zuflucht an den europäischen Fürstenhöfen gefunden hatten, auf rasche Militärhilfe zur Rückgewinnung des verlorenen Terrains. Einzelne Militärs und Berater legten schon sehr konkrete Planungskonzepte und Detailentwürfe zur künftigen Aufteilung des Osmanischen Reiches vor. Am weitesten wagte sich die russische Zarin Katharina II. (1762–1796) vor. In ihrem privaten Briefwechsel mit Joseph II. trug sie am 18. September 1782 ihre Vorstellungen und Visionen von einer Bereinigung der Orientalischen Frage vor. Diese sahen russische Gebietserwerbungen an der Nordküste des Schwarzen Meeres und einen abgestuften Interessenausgleich mit Wien im Balkanraum vor. Nach der Befreiung der Donauprovinzen Moldau, Walachei und Bessarabien sollte ein unabhängiger Staat «Dazien» unter einem christlichen Potentaten geschaffen werden und bei einem endgültigen Zerfall der Osmanenherrschaft in Konstantinopel ein griechisch-orthodoxes Kaiserreich als russische Sekundogenitur unter dem Szepter ihres Enkels Konstantin wiedererstehen. Im Gegenzug bot sie den Habsburgern territoriale Kompensationen an. Der Wiener Kaiserhof mochte sich zu diesem Zeitpunkt noch nicht auf ein derart riskantes Unternehmen einlassen. In der nachnapoleonischen Ära hielt die Furcht vor den eigenen slawischen Untertanen den Kaiser vor voreiligen Maßnahmen zurück. Fürst Clemens Lothar Wenzel von Metternich († 1859), der seit 1809 als Außenminister und seit 1821 als Haus-, Hof- und Staatskanzler maßgeblich die kaiserliche Politik bestimmte, hatte dringend von einer aktiven Unterstützung national-revolutionärer Bewegungen unter den Balkanslawen abgeraten. Die Wiener Bedenken teilte man am Londoner Hof. Die britische Orientpolitik, die lange Zeit von dem Repräsentanten der Levant Company vor Ort vertreten wurde, wollte die heimischen Wirtschaftsinteressen nicht gefährden und einen Alleingang des russischen Rivalen im östlichen Mittelmeer und im Vorderen Orient verhindern. Man setzte daher auf die Reformfähigkeit des Osmanischen Reiches und hoffte, durch Zugeständnisse der Hohen Pforte und eine schrittweise rechtliche Gleichstellung das Los der christlichen Untertanen zu verbessern. Die am 3. November 1839 mit dem Edikt von Gülhane angestoßene Reformperiode der sog. Tanzimat, die 1876 mit der Verkündigung der türkischen Verfassung ihren Abschluß fand, suchte die Auflagen einer von außen angestoßenen Verwestlichung umzusetzen. Das Russische Reich, das auf weitergehende Maßnahmen drängte und auch zur Wahrung der Eigeninteressen auf Alleingänge nicht verzichten wollte, wurde während der Orientkrisen der 30er Jahre und im Krimkrieg von 1853–1856 mit diplomatischen und militärischen Mitteln in die Schranken verwiesen. Der Zar mußte nach der Niederlage im Kampf um die Festung Sevastopol im Frieden von Paris 1856 seine Ambitionen auf weitere territoriale Gewinne den gesamteuropäischen Gleichgewichtsinteressen unterordnen. Bei der Beilegung der großen Orientkrise von 1875–1878 auf dem Berliner Kongreß (13. Juni bis 13. Juli 1878) schwor Fürst Bismarck als «ehrlicher Makler» die Vertreter der Großmächte nochmals sehr zum Mißfallen seines russischen Gegenspielers, des Außenministers Aleksandr M. Gorčakov († 1883), auf diese Prinzipien ein. Das Vertragswerk hatte nur wenige Jahre Bestand. Die Zeit arbeitete für das Selbstbestimmungsrecht der kleinen Völker und gegen die raumbeherrschenden Vielvölkerreiche. Die beiden Balkankriege (1912–1913) und der Ausgang des Ersten Weltkrieges (1914–1918) bereiteten schließlich den Boden für eine völlige Neuordnung der Staatenkarte in Südosteuropa. Sie schloß eine weitgehende Verdrängung der einstigen türkischen Herren von der Balkanhalbinsel ein.

IV. Auf dem Weg zum Nationalstaat

Selbstbestimmungsrecht und europäische Sicherheitsinteressen

Die Geburtsstunde der modernen Balkanstaaten schlug mit dem schleichenden Niedergang des Osmanischen Reiches. Die erkennbare Schwäche der Reichszentrale ermunterte die christlichen Balkanvölker zur aktiven Gegenwehr gegen Behördenwillkür und Übergriffe lokaler Machthaber. Dabei wurden die heroischen Einzelkämpfer eines traditionellen volkstümlichen Türkenkampfes schrittweise von den Wortführern einer Widerstandsbewegung abgelöst, die Freiheitsvisionen zu verbreiten und weitergehende politische Ziele zu formulieren verstanden. Ihr Selbstbewußtsein und ihre patriotische Gesinnung waren zumeist in der Diaspora außerhalb des osmanischen Machtbereiches geweckt worden. Unter dem Einfluß aufklärerischer Ideen und der von der Französischen Revolution ausgehenden freiheitlichen Impulse hatten sich diese neuen Bildungseliten der «Erweckung» und der Befreiung ihrer unterdrückten Landsleute als Gemeinschaftsaufgabe verschrieben. Erst in der Fremde wurden sich diese nationalen Erwecker (u. a. Graf Stephan Széchenyi bei den Ungarn, der Grieche Adamantios Korais, der südungarische Serbe Dositej Obradović, der bulgarische Athosmönch Otec Paisij, der Siebenbürger Rumäne Samuil Micu/Klein, die Albaner Sami Bey Frashëri und Vasa Pashko) ihrer Herkunft, Geschichte und Sprache bewußt. Gedanken Johann Gottfried von Herders und der deutschen Romantik aufgreifend, gewannen in den visionären Vorstellungen dieser Patrioten die Umrisse eines künftigen Staatsgebildes Gestalt, das alle verstreuten Glieder einer Sprach- und Kulturgemeinschaft zusammenführen sollte. Die Phase der sog. nationalen Wiedergeburt war daher bei fast allen Balkanvölkern begleitet von einer Besinnung auf die gemeinsame Herkunft und Geschichte und von sprachreformerischen Maßnahmen. An den notwendigen Normierungsbemühungen zur Lösung der Sprachenfrage engagierten sich in allen Länder herausragende Vertreter der Bildungselite: Adamantios Korais (1748–1833) bei den Griechen, Vuk Stefanović Karadžić (1787–1864) bei den Serben, Ljudevit Gaj (1809–1872) bei den Kroaten, Bartholomäus (Jernèj) Kopitar (1780–1844) bei den Slowenen, Petr Beron (um 1800–1871) und Neofit Rilski (um 1793–1881) bei den Bulgaren, Samuil Clain/Micu/Klein (1745–1806) und Gheorghe Şincai (1754–1816) bei den Rumänen. Orthographie und Grammatik des Makedonischen als Standardsprache wurden erst im September 1944 verbindlich festgelegt. Auf dem Siedlungsgebiet der Albaner, auf dem sich die Schrift und Kulturtraditionen von Katholizismus, Orthodoxie und Islam begegneten und wo in den beiden großen Dialektgebieten, dem Gegischen im Norden und dem Toskischen im Süden des Landes, mehrere Gemeinsprachen von überregionaler Bedeutung miteinander konkurrierten, fiel wohl 1908 auf dem Kongreß von Monastir (Bitola) die Entscheidung zugunsten des lateinischen Alphabets, die Kodifizierung einer einheitlichen Schriftsprache zog sich aber noch bis zum Orthographiekongreß in Tirana 1972 hin.

Die Zersplitterung der Siedlungsgebiete und Unsicherheiten der sprachlich-ethnischen Zuordnungen in den Grenz- und Übergangsregionen gaben einen guten Nährboden für sprachnationalistische Tendenzen und begünstigten unter allen Balkanvölkern einen ausgeprägten Risorgimento-Nationalismus. Er belaste die nachbarschaftlichen Beziehungen erheblich und leistete einer verhängnisvollen Ethnisierung von Politik und Gesellschaft Vorschub, die den intellektuellen Diskurs in den Ländern Südosteuropas vergiftete und schließlich in einen unseligen Volkstumskampf einmünden sollte.

Die Balkanvölker verdankten es der aktiven Hilfe der europäischen Mächte, daß noch während des 19. Jahrhunderts die Staatenkarte Südosteuropas grundlegend verändert und den Griechen, Serben, Rumänen, Montengrinern und Bulgaren eine eigenstaatliche Existenz ermöglicht wurde. Sie mußten es allerdings unter den gegebenen Machtverhältnissen hinnehmen, daß bei der Aufteilung der Beute nach einem erfolgreichen Türkenkrieg die Interessen innerhalb der europäischen Pentarchie Vorrang hatten und ihnen selbst nur ein sehr beschränktes Mitspracherecht zugestanden wurde. Außerdem mußten die Griechen, Bulgaren, Rumänen und später auch die Albaner Landfremde als Herrscher akzeptieren. Alle Grenzregelungen unterlagen dem Diktat der Schutzmächte, die auf nationale Wünsche wenig Rücksicht nahmen. Eine Übereinstimmung von Nation und Staat ist bei den anstehenden Grenzziehungen daher nur selten erreicht worden.

Die auf das Metternichsche System eingeschworenen Staatsmänner Europas waren zunächst unter dem bedrohlichen Eindruck der französischen Revolutionswirren nur unter erheblichen Vorbehalten bereit, auf die Freiheitswünsche der Balkanvölker einzugehen. Den serbischen Aufständigen unter ihrem legendären Führer Karadjordje (um 1768–1817), dem «Schwarzen Georg», gewährten sie im Jahre 1804 nur eine zaghafte Unterstützung. Im Frieden von Bukarest (16./28. Mai 1812) begnügte sich der russische Zar Alexander I. (1801–1825) mit einer Amnestiezusage und einer eher vagen Erklärung der türkischen Regierung, die den Serben eine innere Autonomie in Aussicht stellte.

Den Griechen blieb bei ihrem Freiheitskampf seit 1821 ein ähnliches Schicksal wohl nur deswegen erspart, weil eine breite philhellenische Bewegung in allen Kulturstaaten der Welt auf die öffentliche Meinungsbildung einwirkte und die zögernden europäischen Kabinette zu einer Humanitätsintervention drängte. Auf dem Fürstenkongreß von Verona im September 1822 waren die aufständischen Griechen noch den Rebellen in Spanien gleichgestellt worden. Nach den Massakern, die von den gutgerüsteten ägyptischen Invasionstruppen unter Ibrahim Pascha, dem Sohn des osmanischen Statthalters Mehmed Ali Pascha Kavalalı in Ägypten, 1825/26 auf der Peloponnes verübt worden waren, einigten sich Rußland, Großbritannien und Frankreich in der Londoner Konvention von 1827, einen autonomen Hellenenstaat unter osmanischer Suzeränität einzufordern. Die Zustimmung mußte nach der Vernichtung der türkisch-ägyptischen Flotte vor Navarino am 20. Oktober 1827 im russisch-türkischen Krieg 1828–1829 der Hohen Pforte mit militärischen Gewaltmitteln abgerungen werden. Am 7. Mai 1832 unterzeichneten England, Frankreich, Rußland und Bayern in London einen Staatsvertrag, der dem Wittelsbacher Otto, dem Sohn des Griechenfreundes Ludwig I. auf dem bayerischen Königsthron, die erbliche Königswürde zusprach. Dem neuen Hellenenstaat gehörte zunächst weniger als ein Drittel der im Osmanischen Reich lebenden Griechen an. Die Ausweitung der Grenzen wurde daher zu einem vorrangigen Ziel griechischer Außenpolitik. Ihre Wortführer träumten von einer Wiedergewinnung der griechischen Weltgeltung im gesamten östlichen Mittelmeerraum. In ihrer sog. Großen Idee (griech. megale idea) war eine imperiale Raumkonzeption in Anlehnung an das byzantinische Weltreich vorgesehen.

Für die Serben, die unter habsburgischem Szepter in Südungarn, in dem seit 1852 erblichen Fürstentum Montenegro und unter osmanischer Herrschaft in Bosnien und im serbischen Fürstentum südlich der Donau lebten, wurden die Grenzen des mittelalterlichen Dušan-Reiches zum bestimmenden Maßstab. Der programmatische sog. Entwurf (serb. Načertanije) eines nationalserbischen politischen Aktionsprogrammes, das der damalige serbische Innenminister Ilija Garašanin 1844 formuliert hatte, nahm direkt Bezug auf die frühere Glanzperiode einer serbischen innerbalkanischen Vormachtstellung. Die Initiative in den Einigungsbemühungen hatte das serbische Fürstentum übernommen. Im Jahre 1830 war es dem geschickten Taktiker Miloš Obrenović (1815–1839 und 1858–1860) gelungen, von der Pforte die Anerkennung der erblichen Fürstenwürde zu erreichen und die innere Autonomie zu festigen. 1867 verließen die letzten türkischen Garnisonstruppen das Land. Ein Jahrzehnt später bestätigte der Berliner Kongreß 1878 die serbische Unabhängigkeit. Außerdem wurden Montenegro und die seit 1862 unter dem Namen Rumänien vereinigten Donaufürstentümer Moldau und Walachei als souveräne Staaten anerkannt. Die montenegrinischen Stämme hatten sich schon bisher nur nominell der Oberhoheit des Sultans untergeordnet. 1852 war mit Billigung der Pforte unter dem Fürstbischof von Cetinje, Danilo I. Petrović Njegoš (1852-1860), dessen Familie seit mehreren Generationen das Bischofsamt verwaltet hatte, ein weltliches Fürstentum geschaffen worden. Um nach der Beilegung der großen Orientkrise von 1875-1878 künftigen irredentistischen Bestrebungen unter den Slawen vorzubeugen, wurde Österreich-Ungarn die Okkupation Bosniens und der Herzegowina sowie das Recht der Truppenstationierung im Sandschak von Novi Pazar zugestanden.

Die Rumänen waren 1878 ebenso wenig wie die Serben am Ziel ihrer nationalen Ambitionen angelangt. Der Zugewinn der Dobrudscha und des Donaudeltas vermochte den Verlust des südlichen Bessarabien an Rußland und der Donaufestung Silistria an Bulgarien nicht auszugleichen. 1862 hatten an der Vereinigung der beiden Donaufürstentümer Moldau und Walachei, der die Doppelwahl des Fürsten Alexandru Ioan Cuza im Jahre 1859 voraufging, nur die Rumänen im Altreich teilgenommen. Eine beträchtliche rumänische Minderheit in Siebenbürgen und in der Bukowina blieb ausgeschlossen. Als Antwort auf eine zunehmende Magyarisierungspolitik im Königreich Ungarn gewannen in der Folgezeit irredentistische Bestrebungen an Boden, die auf einen Zusammenschluß aller Rumänen in einem großrumänischen Staat abzielten.

Die Ungarn hatten sich zuvor schon 1867 einvernehmlich mit der kaiserlichen Regierung in Wien auf eine Revision der Reichsverfassung verständigt. Im Krisenjahr 1848 hatten die revolutionären Ereignisse in Paris und der Aufstand in Wien im März, der Metternich zum Rücktritt veranlaßte, kurzzeitig den Volkstribun und Freiheitshelden Lajos/Ludwig Kossuth (1802-1894) dazu ermuntert, für eine Radikallösung zu werben und die Loyalität zum Kaiserhaus aufzukündigen. Der Aufstand wurde im Herbst 1849 mit russischer Waffenhilfe blutig niedergeschlagen und Ungarn unter dem neoabsolutistischen Regime des Alexander Bach (Minister des Inneren 1849-1859) als eroberte Provinz eines deutsch-österreichischen Einheitsstaates verwaltet. Erst nach den Niederlagen im italienischen Einigungskrieg (1859/60) und im Deutschen Krieg (1866) war der Weg frei für eine innerstaatliche Neuregelung. Der dualistische «Ausgleich» von 1867 schuf die Grundlage für eine aus einer Realunion gebildeten Doppelmonarchie. Diese «Österreichisch-Ungarische Monarchie» (k. u. k., d. i. kaiserliche und königliche Monarchie) billigte den Magyaren in den «Ländern der ungarischen Krone» eine weitgehende Eigenständigkeit zu und beließ nur noch das Kriegswesen, die Außenpolitik und das Finanzwesen (sog. pragmatische Angelegenheiten) in der Verantwortung gemeinsamer Ministerien. Im ungarischen Reichsteil jenseits der Theiß (Transleithanien) wurde der Ausgleich als Sieg des ungarischen Staatsgedankens verstanden. Die staatsbürgerliche Konzeption einer einheitlichen «natio hungarica» sah für die Nationalitäten nur eingeschränkte Autonomieregelungen (z. B. der ungarisch-kroatische Ausgleich von 1868) vor und bot keinen hinreichenden Schutz vor einer administrativen Magyarisierung, die in der Folgezeit erhebliche Unruhe innerhalb der nichtungarischen Bevölkerung verursachen sollte.

Den Bulgaren blieb in Berlin 1878 die erhoffte Gleichbehandlung versagt. Nach dem russischen Friedensdiktat von San Stefano (19.2./3. März 1878) war die Schaffung eines großbulgarischen Reiches schon in greifbare Nähe gerückt. Die weitreichenden Pläne mußten nach dem Einspruch der europäischen Mächte revidiert werden. Die enttäuschten Bulgaren hatten sich mit einem autonomen, weiterhin der Pforte tributpflichtigen Fürstentum abzufinden, dessen Territorium radikal beschnitten wurde. Ost-Rumelien, das bulgarische Siedlungsgebiet südlich des Balkangebirges, verblieb vorerst als autonome Provinz unter einem christlichen Generalgouverneur im Verband des Osmanischen Reiches. 1885 erzwang eine revolutionäre Erhebung gegen den Willen Rußlands und des serbischen Nachbarn die Vereinigung mit dem bulgarischen Fürstentum. Ein Invasionsversuch serbischer Truppen wurde erfolgreich abgewehrt.

Am Ausgang des 19. Jahrhunderts war am Sieg des Nationalismus in Südosteuropa nicht mehr zu zweifeln. Noch ehe die osteuropäischen Vielvölkerstaaten im Ersten Weltkrieg zusammenbrachen und von den Siegermächten das Selbstbestimmungsrecht der Völker zum Organisationsprinzip eines «Neuen

Europa» der kleinen Völker bestimmt wurde, hatten sich auf den Trümmern des zerfallenden Osmanischen Reiches christliche Nationalstaaten etabliert. Die ihnen zudiktierten Grenzen entsprachen noch keineswegs den ethnographischen Gegebenheiten. Es war daher nur folgerichtig, dass die politischen Führungen nach territorialen Zugewinnen Ausschau hielten. Der Konflikt mit den Nachbarn und den jeweiligen Schutzmächten war vorprogrammiert. Er entlud sich an der Wende zum 20. Jahrhundert im blutigen Volkstumskampf um Mazedonien und führte in den beiden Balkankriegen von 1912–1913 zu einer verhängnisvollen militärischen Konfrontation zwischen den Balkanstaaten. Der Bruderkrieg ersparte den schon geschlagenen Türken einen vollständigen Rückzug vom europäischen Kontinent.

Der Rivalität der Großmächte und der Anrainer verdankten die Albaner als Nachzügler ihre Eigenstaatlichkeit. Sie hatten seit 1878 in mehreren Aufständen um eine Reform des Osmanischen Reiches und um erweiterte Autonomierechte in ihren Siedlungsgebieten gekämpft. Den entscheidenden Durchbruch brachten erst die Balkankriege. Der Londoner Präliminarfrieden vom 30. Mai 1913 sah ein erbliches Fürstentum vor. Eine genauere Abgrenzung des Territoriums blieb späteren Verhandlungen zwischen den Bevollmächtigten der Großmächte vorbehalten, in deren Verlauf die Albaner erhebliche Zugeständnisse zugunsten der Nachbarn Serbien, Montenegro und Griechenland hinnehmen mußten. Für die Besetzung des albanischen Thrones konnte Ende 1913 der deutsche Prinz Wilhelm zu Wied (1876–1945) gewonnen werden, der aber schon nach wenigen Monaten beim Ausbruch des Ersten Weltkrieges im September 1914 ohne formelle Abdankung das Land wieder verließ.

Anpassungsprobleme einer nachholenden Modernisierung

In Südosteuropa hatten die Nachfolgestaaten der habsburgischen und osmanischen Vielvölkerreiche unter sehr ungünstigen Ausgangsbedingungen den Herausforderungen gerecht zu werden, die sich bei der Einrichtung nationaler Institutionen und bei der «Modernisierung» der überkommenen wirtschaftlichen und gesellschaftlichen Strukturen stellten. Die tiefgreifenden Umstrukturierungsprozesse, von denen die Balkanhalbinsel im Verlaufe des 19. Jahrhunderts beim Übergang von vorwiegend agrarischen zu modernen industriellen Gesellschaften erfaßt wurde, haben sich vorwiegend im nationalen und im agrarischen Bereich abgespielt. Beide Fragenkomplexe entwickelten sich dabei in einem sehr engen wechselseitigen Abhängigkeitsverhältnis. Sowohl die Nationalstaatsbildung wie die Anläufe zu einer dauerhaften Lösung der sozialen Frage innerhalb einer mehrheitlich bäuerlichen Bevölkerung betrafen zwei Seiten des gleichen Transformationsvorganges. In beiden Fällen waren die christlichen Balkanvölker auf die aktive Hilfe der europäischen Großmächte angewiesen. Diese hatten bei der Ablösung der islamischen Vorherrschaft den notwendigen militärischen und diplomatischen Beistand und bei der Modernisierung der rückständigen Infrastruktur die finanzielle und technische Aufbauhilfe zu leisten. Die Unterstützung ist nicht immer freiwillig und keineswegs uneigennützig gewährt worden. Auf längere Sicht überwogen die massiven politischen und wirtschaftlichen Eigeninteressen. Während des griechischen Freiheitskampfes in den zwanziger Jahren des 19. Jahrhunderts vermochten sich trotz der Bedenken Metternichs die europäischen Kabinette der verbreiteten philhellenischen Begeisterung nur schwer zu entziehen. Teilweise gegen ihren Willen wurden sie von einer erregten öffentlichen Meinung zu einer Humanitätsintervention gedrängt. Die sich abzeichnende Rivalität zwischen Rußland und Österreich wurde nach den glanzvollen Siegen Katharinas II. im Türkenkrieg von 1768–1774 zu einem beherrschenden Thema in der weiteren Entwicklung der Orientfrage. Beide Staaten bemühten sich um die Gunst der Balkanchristen und forderten bei der Aufteilung der befreiten Gebiete handfeste territoriale Sicherheiten ein.

In keiner Phase ihrer wechselvollen Geschichte war es den Völkern Südosteuropas beschieden gewesen, ungestört von äußeren Einwirkungen nach eigenen Lebensformen zu suchen. Die eigenständige nationale Existenz war im Laufe des 19. Jahrhunderts nur dank auswärtiger Militärhilfe mühsam erkämpft worden, und sie war auf Generationen hinaus nur in dem vorgegebenen Rahmen der europäischen monarchischen Ordnung mit Leben zu füllen. Die negativen Seiten dieser Abhängigkeiten sind in der nationalen Geschichtsschreibung der Balkanstaaten wiederholt angeprangert worden. Aber ebenso unbestreitbar bleibt die Tatsache, daß ohne ausländische Kapitalinvestitionen und direkte Finanzhilfen, ohne Technologietransfer und ohne die von außen gesteuerten oder initiierten Erschließungsmaßnahmen die politischen und wirtschaftlichen Überlebenschancen der bäuerlichen Gesellschaften in Südosteuropa nur sehr gering gewesen wären. Der Preis für die Umstellung auf den europäischen Wirtschaftsmarkt war gewiß hoch. Die überkommenen gesellschaftlichen Strukturen wurden auf Dauer zerstört, jahrhundertealte patriarchalische Lebensformen und gewohnheitsrechtliche Praktiken mußten an fremde Rechtsvorstellungen und Verfassungsnormen angepaßt werden. Die dringend benötigte «Entwicklungshilfe» ist so schon im 19. Jahrhundert zwangsläufig ins Zwielicht geraten. Das 20. Jahrhundert eröffnete kaum besseren Zukunftsperspektiven.

Die Staatsmänner der europäischen Pentarchie handelten in der Orientfrage immer auch als Repräsentanten einheimischer Wirtschaftskreise. Man erhoffte sich neue Absatzmärkte im Mittelmeerraum und war daher an einer raschen Befriedung der südosteuropäischen Krisenzone interessiert. Der Balkanraum wurde so im Verlauf des 19. Jahrhunderts zur peripheren Spielwiese europäischer Machtinteressen und zum Experimentierfeld ausländischer Entwicklungshelfer und des europäischen Investitionskapitals. Angesichts der chaotischen und teilweise bürgerkriegsähnlichen Zustände in den Aufstandsgebieten sahen die verantwortlichen Staatsmänner im Fortbestand des monarchischen Systems und einer strikten Außenkontrolle zwangsläufig die beste Garantie für eine friedlichere Entwicklung. Die neugeschaffenen Fürstenthrone wurden daher meist von Landfremden eingenommen, die weder über eingehendere Landeskenntnisse verfügten noch die Sprache ihrer Untertanen beherrschten und auch nicht ihre kirchlich-religiösen Überzeugungen teilten. Ihnen war in einer schwierigen Umbruchsituation vornehmlich eine Vermittlerrolle zwischen den unversöhnlichen inneren Parteiungen zugedacht. Dem glücklosen Wittelsbacher Otto, der seit 1835 als Alleinherrscher in Griechenland regierte, war 1862 die dänische Dynastie der Sonderburg-Glücksburger gefolgt. Die Bojaren in den vereinigten Donaufürstentümern hatten sich schon 1866 für einen Fürsten aus dem Hause Hohenzollern-Sigmaringen entschieden. In Bulgarien wurde der dem Zaren mißliebige Battenberger 1887 durch die Coburger Dynastie (Haus Sachsen-Coburg-Gotha-Koháry) abgelöst. In Albanien schließlich kam 1913 vorübergehend Wilhelm Prinz zu Wied als Fürst zum Zuge. Nur bei den Serben hatte sich unmittelbar aus der militärischen Führungselite des Aufstandes eine bodenständige Dynastie rekrutieren können, allerdings um einen hohen Preis. Die erbitterten Fehden zwischen den verfeindeten Karadjordeviči und Obrenoviči sollten zu einer Dauerbelastung der serbischen Innenpolitik werden. Eine stabilere Lösung der Herrscherfrage ermöglichte dagegen in der montenegrinischen Stammesgesellschaft die Autorität der orthodoxen Kirche. Deren oberstem Repräsentanten, dem Bischof von Cetinje, war in osmanischer Zeit eine unbestrittene politische Führungsrolle zugefallen. Er bewährte sich als Schlichter zwischen den rivalisierenden Familienclans und diente den osmanischen Behörden als Ansprechpartner. Diese innergesellschaftliche Funktion ermöglichte es 1852 dem Amtsinhaber, ein erbliches Fürstentum zu errichten.

Während der Formierungsphase der nationalen Erweckungsbewegungen auf der Balkanhalbinsel hatte das konkurrierende Neben- und Miteinander von Mutterland und Diaspora, von Zentrum und Peripherie, ungeahnte gesellschaftliche Energien freigesetzt und dringend benötigte Ressourcen erschließen helfen. Gerade aus den westlichen Handels- und Emigrationszentren sind den rückständigen bäuerlichen Gesellschaften Südosteuropas fruchtbare Modernisierungsanstöße vermittelt worden. In dieser günstigen historischen Konstellation war aber auch ein nicht unerhebliches Konfliktpotential angelegt. Unter der einheimischen Führungselite formierte sich sehr rasch ein nationalkonservativer Widerstand gegen landfremde Reformer, gegen die sichtbare Präsenz ausländischer Berater und Interessenvertreter und gegen eine vorschnelle Übertragung westeuropäischen Ordnungsvorstellungen auf die andersgearteten Verhältnisse in Südosteuropa.

Die unvermeidlichen Zielkonflikte, mit denen selbst eine wohlgemeinte Entwicklungspolitik in Südosteuropa in der ersten Hälfte des 19. Jahrhunderts zu rechnen hatte, lassen sich anschaulich am Beispiel Griechenlands und der Donaufürstentümer aufzeigen. In beiden Ländern ist zu Beginn der 30er Jahre des 19. Jahrhunderts der Aufbau eines modernen Staatswesens sehr eng verbunden gewesen mit Herrschern aus mitteleuropäischen Dynastien und mit den Aktivitäten ausländischer Helfer. Im befreiten Griechenland ist die Neuordnung während der bayerischen Regentschaft (1833–1835) und unter der nachfolgenden Alleinregierung des Wittelsbachers Otto (1835–1862) in Gang gebracht worden. Die chaotischen bürgerkriegsähnlichen Zustände, die die ausländischen Helfer in den Aufstandsgebieten antrafen, verführten zum Übereifer einer nachholenden Modernisierung. Die notwendige Rücksichtnahme auf die Erwartungen der Garantiemächte verleitetee zu völlig überzogenen obrigkeitlichen Machtdemonstrationen, die teilweise in eine detailvernarrte gesetzgeberische Reglementierungswut ausarteten. Der Münchner Rechtslehrer Georg Ludwig von Maurer (1790–1872) hat als Regentschaftsmitglied innerhalb kürzester Frist umfassende Gesetzeskodifikationen abschließen können. Sie haben in wesentlichen Teilen bis in das 20. Jahrhundert hinein Bestand gehabt. Schlüsselbegriffe in seiner späteren Rechtfertigungsschrift über seine Tätigkeit in Griechenland waren «Ordnung» und «Zivilisation». In den Donaufürstentümern hatte schon in den Jahren zuvor (1828–1834) die von General Graf Pavel D. Kiselev (1788–1872) geleitete russische Militärverwaltung dauerhaftere verfassungsrechtliche Grundlagen geschaffen und eine fortschrittliche Reformpolitik angestoßen, die bis zur Jahrhundertmitte richtungweisend blieb. Dennoch sind sowohl die «Bavarokratie» in Griechenland wie das sog. Regime des Organischen Reglements («Règlement organique») in den Donaufürstentümern bei den Zeitgenossen wie in den nachfolgenden Generationen in Verruf geraten. Bei der kritischen Gesamtbeurteilung gaben die unübersehbaren negativen Begleiterscheinungen einer von außen aufgezwungenen Ordnungspolitik den Ausschlag. Durch die unbestreitbaren negativen sozialen Folgen einer Wirtschaftspolitik, die sich an die Rahmenbedingungen des europäischen Marktes anzupassen suchte, erhielten die Verfechter einer mehr an den bodenständigen Voraussetzungen orientierten Entwicklungsplanung zusätzlichen Auftrieb. Sie fanden mit ihren fremdenfeindlichen nationalistischen Parolen gerade bei der Masse der bäuerlichen Bevölkerung Anklang und wachsenden Zulauf. Mit ihren einsichtigen populistischen Argumenten beschworen sie in allen Ländern gefährliche innenpolitische Polarisierungen herauf und zogen die auf rasche Veränderungen drängenden liberalen Reformer, die meist in den mitteleuropäischen Bildungszentren geschult worden waren und eine Angleichung an westliche Standards favorisierten, in einen nicht unproblematischen Richtungsstreit über den künftigen Entwicklungsweg hinein. Der Rückbezug auf die nationale Geschichte stellte dazu die passenden Argumente bereit. Er diente als wirksame Waffe und als bequemer Vorwand für die Abwehr unangenehmer Forderungen und die Durchsetzung von Partikularinteressen.

Der innergesellschaftliche Interessenausgleich zwischen der Krone und den einheimischen Eliten orientierte sich an der fortgeschrittenen Verfassungsdiskussion im nachnapoleonischen Europa. Selbst das zarische Rußland paßte sich in seinen außenpolitischen Aktivitäten dem Trend der Zeit an und warb mit einer fortschrittlichen «Verfassungsdiplomatie» um die Sympathien der Balkanvölker. Den Bewohnern der Ionischen Inseln brachte nach dem erzwungenen Abzug der französischen Besatzungstruppen 1797 die Anwesenheit eines russischen Flottenkommandos unter Admiral Fedor F. Ušakov eine weitgehend autonome Regelung der inneren Angelegenheiten. Die Verfassung, die während des zeitweiligen russisch-türkischen Kondominiums (1798–1806) im Jahre 1799 erlassen wurde, räumte sehr zum Mißfallen der konservativen Adelsfamilien auch den

Vertretern des Mittelstandes politische Mitspracherechte ein. Der späteren Berufung des Ioannis Kapodistrias (1776–1831) zum stellvertretenden russischen Außenminister kam eine programmatische Bedeutung zu. Der Korfiote avancierte zum engsten Berater Alexanders I. in den auf dem Wiener Kongreß anstehenden Balkanfragen und vertrat in seiner Person den Anspruch des Zarenhofes auf die Rolle des Schutzherrn aller orthodoxen Christen in Südosteuropa. In den umstrittenen Verfassungsfragen galt in nahezu allen Balkanstaaten die belgische Verfassung von 1831 als nachahmenswertes Vorbild. Sie sah eine konstitutionelle Monarchie auf der Basis der Volkssouveränität mit einem dualistischen Regierungssystem und einem Zensus für die Wahl der Volksvertreter vor. Bei der Ausarbeitung der Verfassungstexte in Rumänien (1866) und in Bulgarien (1879) diente sie als Vorlage. Die bulgarische sog. Tărnovo-Verfassung zählte damals mit ihrem Einkammersystem und der Ministerverantwortlichkeit zu den fortschrittlichsten Verfassungstexten in Südosteuropa.

Aus den übereilten Anpassungen an westliche Vorbilder resultierten gravierende Funktionsstörungen der innerstaatlichen Ordnung. Für eine Umsetzung der politischen Leitideen, die in den übernommenen Verfassungsmodellen enthalten waren, fehlten in einer mehrheitlich bäuerlichen und analphabetischen Gesellschaft der urbane Unterbau und die feste Verankerung in gewachsenen Parteistrukturen. Die wechselnden Präferenzen der zu den Wahlen zugelassenen Bevölkerungsgruppen verhalfen Führungspersönlichkeiten im öffentlichen Leben zur Macht, die sich weniger durch ihr Bekenntnis zu einem Grundsatzprogramm, als durch ihr taktisches Geschick in einem undurchschaubaren Netzwerk des Klientelismus profiliert hatten. Nach dem Urteil des bayerischen Philhellenen Friedrich Wilhelm Thiersch (1784–1860) gab es zur Zeit des Freiheitskampfes bei den Griechen so viele Parteien wie einflußreiche Männer.

In sämtlichen Balkanstaaten zeigten sich schon im Verlaufe des 19. Jahrhunderts erhebliche Fehlentwicklungen des parlamentarischen Regierungssystems. Die Verfassungskämpfe in Serbien, Bulgarien, Griechenland und Rumänien waren nicht nur von dem unversöhnlichen Gegensatz von autokratischer Fürstenmacht und demokratischem Volkswillen geprägt. Sie wurden auch provoziert und angeheizt von den Machenschaften oligarchischer Gruppierungen, in die das jeweilige Fürstenhaus selbst unlösbar verstrickt war.

Der Streit unter den Funktionseliten um lukrative Führungspositionen und die innergesellschaftliche Vorrangstellung wurde nicht gewaltlos ausgetragen. Den heroischen Freiheitskampf der Griechen kennzeichnen fließende Übergänge zu einem regelrechten Bürgerkrieg. Hinreichenden Anlaß für Meinungsverschiedenheiten und blutige Abrechnungen boten die erheblich divergierenden Regional- und Standesinteressen sowie unüberbrückbare persönliche Feindschaften und Rivalitäten zwischen den Wortführern der unterschiedlichen Klientelverbände (Phanarioten, Großgrundbesitzer, reiche Reeder unter den Inselgriechen, Militärbefehlshaber und ehemalige Klephten- und Freischarführer). Von Gewaltexzessen blieben selbst die obersten Repräsentanten des Staates nicht verschont. Zu den ersten prominenten Opfern interner Machtkämpfe zählte der Organisator der rumänischen Unabhängigkeitsbewegung Tudor Vladimirescu, den die griechische Aufstandsführung unter Alexandros Ypsilantis noch in der Anfangsphase des Aufstandes 1821 wegen angeblichen Hochverrats inhaftieren und hinrichten ließ. Graf Ioannis Kapodistrias scheiterte als erster Präsident des freien Hellenenstaates bei dem Versuch, das unentwirrbare Beziehungsgeflecht regionaler und sozialer Machtstrukturen zu durchschlagen, am Mavromichalis-Clan aus der Mani, der mit dem Mordanschlag am 27.9./9.10.1831 die vermeintliche Verletzung der Familienehre rächen wollte. Der spätere griechische König Georgios I. aus einer Nebenlinie der dänischen Dynastie erlag 1913 einem Attentat, als er dem von den verbündeten bulgarischen Truppen eroberten Saloniki einen Besuch abstattete. In Serbien waren nach der Befreiung von der osmanischen Herrschaft die konfliktträchtigen Beziehungen zwischen den beiden rivalisierenden Herrscherdynastien der Karadjordjevići und Obrenovići von mehreren «Königsmorden» überschattet. Ihre Opfer waren 1817 der legendäre Aufstandsführer des Jahres 1804 Karadjordje (eigentlich Djordje Petrović), der «Schwarze Georg», 1868 Mihailo Obrenović, 1903 Aleksandar Obrenović und 1934 in Marseille der jugoslawische König Aleksandar I. Karadjordjević zusammen mit dem französischen Außenminister Jean Louis Barthou. Die Ermordung des serbischen Ministerpräsidenten Dr. Zoran Djindjić am 13. März 2003 setzt eine unheilvolle Tradition gewaltsamer innenpolitischer Auseinandersetzungen in der serbischen Geschichte fort.

Als Gegenspieler der zwischen den oligarchischen Interessengruppen lavierenden Königsmacht profilierten sich fintenreiche Politiker, die teilweise aus einem bäuerlichen oder kleinbürgerlichen Milieu aufgestiegen waren und auch populistische Parolen und demagogische Mittel nicht verschmähten. Sie verstanden es, in eher losen Parteiorganisationen eine ergebene Anhängerschaft und Sympathisanten zu mobilisieren und sich mit machtbewußten Militärbefehlshabern und Offizierscliquen zu arrangieren. In Griechenland zwang eine Militärerhebung den autoritären Wittelsbacherkönig Otto I. 1843 zu verfassungsrechtlichen Zugeständnissen und 1862 zum Thronverzicht. 1909 ebnete ein Aufstand des «Militärbundes» dem Führer des kretischen Aufstandes von 1896/97, Eleftherios Venizelos (1864–1936), und seiner reformorientierten Liberalen Partei den Weg in die Regierungsverantwortung. Der Dissens mit dem Herrscherhaus über die griechische Parteinahme im Ersten Weltkrieg verursachte eine verhängnisvolle «Spaltung» der griechischen Nation (griech. ethnikos dichasmos). Der unversöhnliche Gegensatz zwischen Royalisten, Venizelisten und Republikaner führte während des Krieges in eine Teilung des Staatsgebietes und trieb Griechenland 1923 in die kleinasiatische Katastrophe. Der Dauerstreit um die Staatsform mit wiederholten Plebisziten, erzwungenen Thronwechseln und Militärputschen ließ danach das Land nicht mehr zur Ruhe kommen. Etappen auf diesem beschwerlichen Weg Griechenlands zu einer demokratisch-parlamentarischen Staatsordnung waren u. a. das Plebiszit von 1924 zugunsten der Republik, die Wiedereinführung der Monarchie 1935 nach dem Wahlsieg der Royalisten, das autoritäre Regime des Generals J. Metaxas nach italienischem und deutschem Vorbild («Diktatur des 4. August 1936») in den Jahren 1936–1941, das Obristenregime 1967–1973, das König Konstantin II. in die Emigration zwang und am 1. Juni 1973 erneut die Republik ausrief, und schließlich die endgültige Bestätigung der republikanischen Staatsform im Plebiszit vom 8. Dezember 1974.

Eine der Rolle von Venizelos vergleichbare Gegenposition zum Herrscherhaus vertrat in Serbien Nikola Pašić (1845–1926). Er war 1869 Mitbegründer der Radikalen Partei (serb. Radikalna Stranka), die sich trotz massiver Behinderungen als bestimmende politische Kraft neben dem König etablieren konnte. Pašić durchlebte die Höhen und Tiefen einer politischen Karriere, die ihn trotz zeitweiligen Exils, Todesurteil in absente und Verhaftung schließlich zu einer herausragenden Führungsposition verhalf. Als Ministerpräsident in mehreren serbischen und jugoslawischen Kabinetten wurde er zum Vordenker einer umfassenderen südslawischen Staatsidee und zum Gegenspieler jener Landespolitiker, die einen föderativen Aufbau favorisierten. Er handelte am Ende des Ersten Weltkrieges am Sitze der exilierten Regierung auf Korfu in der sog. Korfuer Erklärung, die am 20. Juli 1917 von Pašić und dem Vorsitzenden des «Jugoslawischen Komitees» (serb. Jugoslavenski Odbor) Ante Trumbić unterzeichnet wurde, das Gründungsdokument eines künftigen gemeinsamen Staatswesens der Serben, Kroaten und Slowenen aus. Der Verfassungstext dieses 1918 geschaffenen «Königsreichs der Serben, Kroaten und Slowenen» (SHS-Staat) zeigt in den wesentlichen Punkten – Stärkung der Zentrale, Führungsanspruch der serbischen Herrscherdynastie der Karadjordjevići – unverkennbar seine Handschrift.

Sicherung der Eigenständigkeit und der wirtschaftlichen Überlebensfähigkeit, Ausweitung der Grenzen, Ausbau der staatlichen Institutionen und Interessenausgleich im Inneren, Reform und Modernisierung der überkommenen gesellschaftlichen Strukturen – den Funktionseliten in den noch unfertigen jungen Balkanstaaten blieb im Verlauf des 19. Jahrhunderts nur wenig Zeit, den Vorgaben der Schutzmächte folgend sich auf gemeinsame Prinzipien zu verständigen und sich in die noch ungewohnten parlamentarischen Spielregeln einzuüben. Die Meinungsverschiedenheiten zwischen den Parteiführern, der Hofkamarilla und den Offizierscliquen gaben nicht nur Anlaß zu hitzigen und handgreiflichen Parlamentsdebatten. Sie sind auch mit brachialer Gewalt auf der Straße ausgetragen worden. Der Vorkämpfer für eine kroatische Autonomie, der Bauernführer Stjepan Radić (1871–1928) erlag einem Revolverattentat, das vor den Augen der Öffentlichkeit mitten in der Skupština von einem montenegrinischen Volksvertreter verübt wurde. In Bulgarien hatte sich der Mitbegründer des «Bulgarischen Nationalen Bauernbundes» (gegr. 1899) und Vordenker der bulgarischen Bauernbewegung Aleksandăr Stambolijski als zeitweiliger Ministerpräsident mit seinen radikalen Reformen den Haß der politischen Gegner zugezogen. Er wurde am 14. Juni 1923 nach einem Militärputsch entmachtet und in seinem Heimatort Slavovica (bei Pazardžik) bestialisch ermordet. Ein halbes Jahrhundert zuvor, 1895, hatte Stefan Stambolov, den «bulgarischen Bismarck», schon das gleiche Schicksal ereilt. Er war jahrzehntelang die beherrschende politische Figur im bulgarischen Fürstentum gewesen. Mit selbstherrlichen und teilweise auch skrupellosen Mitteln hatte er sehr erfolgreich die Interessen seines Landes und des Fürstenhauses vertreten, war aber schließlich bei Hofe in Ungnade gefallen.

Der langwierige Prozeß der Nationalstaatsgründungen in Südosteuropa war mehr als nur eine Neuorientierung in der politischen Raumordnung. Er war begleitet von einem Kirchen- und Kulturkampf. In der Ideologie der modernen Nationalbewegungen hatte unter den orthodoxen Balkanvölkern die Abgrenzung von der dominierenden griechischen Hierarchie einen hohen Stellenwert gewonnen. Kirche und Nation sind in der Phase der schwierigen Identitätsfindung eine verhängnisvolle Verbindung eingegangen, die noch in der Gegenwart eine Versöhnung über die bestehenden Grenzen hinweg erschwert und die ungelösten Minderheitenfragen durch zusätzliche Animositäten belastet. Gegen den erbitterten Widerstand des Ökumenischen Patriarchen in Konstantinopel sind nach der Trennung vom Osmanischen Reich mehrheitlich nationale Lösungen in der strittigen Kirchenfrage gesucht worden. Die 1833 vollzogene Trennung der Kirche in Griechenland wurde vom Patriarchen erst 1850 anerkannt; die Bulgaren riskierten 1870 mit der Errichtung eines eigenen Exarchats (seit 1951 Patriarchat) ein bis 1945 andauerndes Kirchenschisma. Serbien gewann 1879 die kirchliche Autokephalie und 1920 ein eigenes Patriarchat; die Trennung der orthodoxen Kirche in Rumänen 1865 wurde von Konstantinopel erst 1885 anerkannt; die Orthodoxen in Albanien gründeten 1924/1929 eine autokephale Kirche, die erst 1937 den Segen Konstantinopels erhielt. Die Kirche in Makedonien trennte sich 1967 von der orthodoxen Kirche Serbiens, doch steht die Zustimmung des serbischen Patriarchen und der orthodoxen Weltkirche bis heute immer noch aus. Der Streit um die kanonische Ordnung in Makedonien eskalierte 2002 erneut, als die Bischofskonferenz der serbischen Kirche einen eigenen Exarchen in Makedonien ernannte und eine Spaltung im makedonischen Episkopat provozierte. Die gegenwärtige Spaltung in der Bulgarischen Orthodoxen Kirche hingegen hat politisch-ideologische Ursachen, die in die kommunistische Ära zurückreichen.

Die Ablösung der Türkenherrschaft brachte den Balkanvölkern eine lange Übergangsphase der Instabilität und der fortdauernden Anpassungskrisen. Zur Beruhigung der Massen boten sich expansionistische Zielvorgaben an, die Aussichten auf weitere territoriale Zugewinne und eine innerbalkanische Vorrangstellung eröffneten. Die zunehmende Schwäche des Sultansregimes weckte weitergehende Begehrlichkeiten. Sie ließ immer mehr auch die Solidarität mit den christlichen Nachbarn und Mitbewohnern schwinden. Zur Jahrhundertwende tobte auf dem Boden Mazedoniens ein erbitterter Volkstums- und Kirchenkampf, in dem marodierende bulgarische, griechische und serbische Banden die Dorfbewohner im Namen der heiligen nationalen Sache drangsalierten und terrorisierten. Die Führung der «Inneren Makedonischen Revolutionären Organisation» (IMRO), die am 2. August 1903, dem Eliastag, im Wilayet Monastir (Bitola) den sog. Ilinden-Aufstand angezettelt hatte, hoffte vergebens, das ganze Land in offenen Aufruhr zu versetzen. Der drohende Verfall der öffentlichen Ordnung mobilisierte Gegenkräfte im türkischen Offizierskorps. Die sog. jungtürkische Revolution, deren Protagonisten 1908 von Saloniki aus zur Übernahme der Macht antraten, zwang das Sultansregime zum Handeln. Mit ihrem nationalen Reformprogramm «Einheit und Fortschritt» vermochten sie allerdings den weiteren Niedergang nicht mehr aufzuhalten. Gegen den erwachenden Nationalismus der Minderheitenvölker waren alle Bemühungen, die territoriale Integrität des Osmanischen Reiches zu bewahren, chancenlos. Im ersten Balkankrieg von 1912–1913 mußten sich die osmanischen Truppen weitgehend von der Balkanhalbinsel zurückziehen und das Feld den nachrückenden Truppen der christlichen Balkanvölkern überlassen. Nur dem Bruderzwist unter den Siegern hatten es die neuen Machthaber in Istanbul zu verdanken, daß sie den verbliebenen Vorposten in Thrazien ausbauen und Edirne zurückgewinnen konnten. Ein Jahr später sollte die Ermordung des österreichischen Thronfolgers Erzherzog Franz Ferdinand und seiner Gemahlin Gräfin Sophie Chotek von Chotkowa und Wognin am 15./28. Juni 1914 in Sarajevo durch den jungen bosnischen Nationalisten Gavrilo Princip, der im Auftrag des großserbisch-nationalistischen Geheimbundes «Schwarzen Hand» (serbisch Crna ruka) handelte, nicht nur das Fanal zum Ausbruch des Ersten Weltkrieges geben, sondern auch eine Generalbereinigung der Staatenkarte in Südosteuropa herbeiführen.

Krieg und Frieden – Das Versailler System

Während der weltweiten militärischen Auseinandersetzung zwischen den Mittelmächten und den Ententestaaten 1914–1918 blieb die Balkanhalbinsel nur ein Nebenkriegsschauplatz. Die nationalen Regierungen hatten sich teilweise mit erheblichen Verzögerungen für eine unterschiedliche Parteinahme ausgesprochen. Leidtragende waren neben den Bulgaren, die seit ihrem Übertritt in das Lager der Mittelmächte (Geheimvertrag vom 6. September 1915) eine Hauptlast der militärischen Operationen gegen die Serben und Rumänen zu tragen hatten, vor allem die Griechen und Serben. Sie erlebten auf ihrem Territorium nicht nur die Schrecken und zerstörerischen Auswirkungen der Kampfhandlungen, sondern auch die menschlichen Tragödien eines Bruderkrieges. E. Venizelos trat nach dem unheilbaren Zerwürfnis mit dem König an die Spitze einer Gegenregierung in Saloniki und holte französische und britische Truppen ins Land. Der Aufbau einer effektiven alliierten Balkanfront scheiterte allerdings zunächst. Der von dem Ersten Lord der britischen Admiralität, Winston Churchill, befohlene Angriff eines Flottenverbandes auf die Meerengen und das Landungsunternehmen auf Gallipoli mußten im März–April 1915 nach verlustreichen Gefechten wieder abgebrochen werden. In den Reihen der österreichischen Balkanarmee kämpften nicht wenige slawische Untertanen des Kaisers (Kroaten und Serben). Die serbische Armee leistete im ersten Kriegsjahr erbitterten Widerstand und konnte die feindlichen Invasionstruppen vor Belgrad zum Stehen bringen. Die heißumkämpfte Hauptstadt hatte durch wochenlangen Artelleriebeschuß und eine verheerende Typhusepidemie enorme Opfer unter der Zivilbevölkerung zu beklagen. Durch den Kriegseintritt Bulgariens geriet die serbische Verteidigungsfront ins Wanken und die Armee sah sich im Winter 1915/16 zu einem strapaziösen Rückzug über die nordalbanischen Berge an die Adriaküste gezwungen. Der kranke König und die Mitglieder der Regierung und des Generalstabs schlossen sich den zurückweichenden Truppenverbänden an. Sie wurden mit alliierten Schiffen auf die Insel Korfu in Sicherheit gebracht. In den Jahren des Zwangsexils wurde hier die Idee eines gemeinsamen Staatswesens der Südslawen geboren.

Der Ausgang des Ersten Weltkrieges hat in Ostmittel- und in Südosteuropa endgültig die Zerschlagung der bis dahin raumbeherrschenden Vielvölkerreiche besiegelt. Für Tomáš Garrigue Masaryk (1850–1937), den Gründer des tschechischen Nationalrates in Paris (1915) und späteren Staatspräsidenten der Tschechoslowakei, war es ein Sieg der konstitutionellen, demokratischen und republikanischen Staatsidee über den mittelalterlichen theokratischen Monarchismus und den undemokratischen und anationalen Absolutismus. Die Siegermächte waren mit dem erklärten Ziel in den Krieg eingetreten, ein «Neues Europa» zu schaffen und den kleinen, bisher unterdrückten Völkern zu ihrem Recht zu verhelfen. Nach dem Willen der bestimmenden Friedensmacher in Paris, der «großen Drei» Thomas Woodrow Wilson, Georges Benjamin Clemenceau und David Lloyd George, sollte daher das Selbstbestimmungsrecht zum vorrangigen Gestaltungsprinzip der neuen Staatenordnung in Europa werden. Grundzüge eines künftigen Weltfriedens und Leitlinien der praktischen Umsetzung auf dem schwierigen Terrain in Ost- und Südosteuropa hatte der amerikanische Präsident Wilson schon in seinen 14 Punkten am 8. Januar 1917 vor dem amerikanischen Kongreß umrissen.

Die Details der neuen Grenzziehungen sind in speziellen Länderkommissionen ausgehandelt worden. Die Ergebnisse wurden in den sog. Pariser Vorortverträgen 1919/1920 in Versailles, Saint-Germain-en-Laye, Neuilly-sur-Seine, Trianon und Sèvres zwischen den alliierten und assoziierten Mächten und den Verliererstaaten Deutschland, der Republik Österreich, dem Königreich Bulgarien, Ungarn und dem Osmanischen Reich festgeschrieben.

Daß sich in einer heillos verworrenen ethnischen Gemengelage kaum Trennungslinien ohne willkürliche Eingriffe in gewachsene Siedlungsstrukturen ziehen ließen, war den Länderexperten in den jeweiligen Verhandlungsdelegationen durchaus bewußt gewesen. Es wurden daher Abweichungen von der strikten Anwendung des Nationalitätenprinzips zugelassen, wenn übergeordnete strategische oder wirtschaftliche Überlegungen oder auch politische Opportunitäten Korrekturen des Grenzverlaufes nahelegten. Ein «Schönheitsfehler» der Vertragswerke war es, daß auf diese Weise einzelnen Bevölkerungsgruppen die Ausübung des Selbstbestimmungsrechtes versagt blieb und im Endergebnis vornehmlich die mit den Siegermächten verbündeten Staaten begünstigt und die Verlierer benachteiligt wurden. Nach den Bestimmungen des Trianon-Vertrages vom 4. Juni 1920 schrumpfte das ungarische Territorium auf 32,6% des bisherigen Staatsgebietes und drei Millionen Ungarn, ein Drittel der magyarischen Bevölkerung, mußten künftig gegen ihren Willen jenseits der Grenzen in den vier Nachbarstaaten Tschechoslowakei, Rumänien, Jugoslawien (SHS-Staat) und Österreich leben. Während die historischen Länder der Stephanskrone zerschlagen und Ungarn auf seinen ethnographischen Kernraum reduziert wurde, waren den Rumänen und den Italienern schon während des Krieges großzügige territoriale Kompensationen zugesagt worden, die wenig Rücksicht nahmen auf die ethnographischen Gegebenheiten. Rumänien hat durch den Zugewinn Bessarabiens, der Bukowina, Siebenbürgens mit dem Szekler-Gebiet, dem Kreischgebiet, Sathmar und dem Südteil von Marmarosch (Maramureş), der Süd-Dobrudscha und dem östlichen Banat sein Staatsgebiet und seine Bevölkerung mehr als verdoppelt. Man nahm es hin, daß mit Großrumänien ein neuer Vielvölkerstaat im Kleinformat mit 19 Minderheitengruppen und einem Minderheitenanteil von 28% entstand, und man ließ ein künstliches Gebilde wie den SHS-Staat der Serben, Kroaten und Slowenen zu, dessen Staatsvolk über kein tragfähiges Fundament in einer gemeinsamen Geschichte verfügte und daher auch kein belastbares Zusammengehörigkeitsgefühl entwickeln konnte. Das «jugoslawische» Experiment scheiterte schon 1921 im Streit um die Verfassung und die Rechte der beteiligten Völker und wurde schließlich nur noch gewaltsam seit 1929 durch die Königsdiktatur und nach dem Zweiten Weltkrieg durch das kommunistische Regime Titos zusammengehalten.

Das Schlagwort der «Balkanisierung» desavouierte das Werk der Friedensmacher. Die Ablösung der bisher von den Vielvölkerreichen garantierten Raumordnung und die Zerschlagung der Habsburger Monarchie und des Osmanischen Reiches hatten eine prekäre politische und wirtschaftliche Instabilität in Ostmittel- und Südosteuropa hinterlassen. Ein erhebliches Konfliktpotential stellte die Überlebensfähigkeit der neuen Kleinstaatenwelt in Frage. Die offensichtlichen politischen Verwerfungen und die Ungereimtheiten der von den Siegermächten diktierten Grenzen belasteten die bilateralen Beziehungen. Der Ruf nach Revisionen des Vertragswerkes wollte insbesondere in Deutschland und in Ungarn nicht verstummen. Nationalistische Agitationen in den benachteiligten Staaten gefährdeten den labilen Status quo und behinderten eine Annäherung und Aussöhnung zwischen den verfeindeten Nachbarn. Eine engere grenzüberschreitende Zusammenarbeit aller Staaten des Donau- und Balkanraums, die von liberalen Ökonomen vorgeschlagen wurde, war unmittelbar nach Kriegsende der Bevölkerung noch nicht vermittelbar. Auch die Föderationspläne des zeitweiligen ungarischen Nationalitätenministers Oszkár Jászi hatten in einer mit nationalen Parolen angeheizten Atmosphäre keine Realisierungschance. Die Bewahrung des erreichten territorialen Kompromisses hatte nach den Friedensschlüssen zunächst Vorrang. Ein destruktiver Egoismus prägte die Leitlinien der Politik. Zur Stützung des Versailler Systems und zur gemeinsamen Abwehr der von Ungarn drohenden Revisionsgefahr schlossen sich auf Anregung des damaligen tschechoslowakischen Außenministers und späteren Präsidenten Eduard Beneš 1920/1921 die Tschechoslowakei, Jugoslawien und Rumänien in einem Verbund bilateraler Verträge zu einer Defensivallianz enger zusammen. Diese sog. Kleine Entente war Teil eines von Frankreich geförderten Cordon sanitaire in Ostmitteleuropa. Die militärischen und wirtschaftlichen Vereinbarungen dienten ausschließlich den Sicherheitsinteressen der Beteiligten, als vertrauensbildende Maßnahme und als Angebot für den notwendigen Interessenausgleich zwischen Siegern und Verlierern waren sie weniger hilfreich. Der Solidaritätsgedanke, der alle Balkanvölker einschloß, gewann erst nach den schlimmen Erfahrungen der Weltwirtschaftskrise auf den Balkankonferenzen Anfang der 30er Jahre wieder an Boden. Die Idee eines Balkanpaktes konnte sich aber angesichts der heraufziehenden Bedrohung durch den italienischen Faschismus und den deutschen Nationalsozialismus nicht mehr durchsetzen.

Alle Balkanstaaten hatten in der Zwischenkriegszeit mit erheblichen Integrationsproblemen zu kämpfen. Insbesondere in Rumänien und im SHS-Staat mußte eine Bevölkerung, die bisher in sehr unterschiedlichen Sozial-, Rechts-, Verwaltungs-, Wirtschafts- und Währungssystemen gelebt hatte, in einem neuen gemeinsamen Staatswesen mit einheitlichen Strukturen zusammengeführt werden. Griechenland mußte nach der Machtübernahme der Bolschewiki annähernd 50 000 Übersiedler aus der «Diaspora» in Südrußland aufnehmen und hatte nach der Niederlage in Kleinasien 1923 ein Millionenheer von Flüchtlingen zu verkraften. Im Gegenzug verließen 400 000 Muslime griechischen Boden. Die Grenzregelungen in den ethnischen Mischgebieten in Kärnten und im Burgenland, in Istrien und im Nordepirus, in der Slowakei und in der Karpatoukraine, in der Vojvodina, im Kosovo und in Siebenbürgen, in der Bukowina und in Bessarabien, im Hinterland von Konstantinopel und in Mazedonien wurden von den unmittelbar betroffenen Minderheiten, die um ihre Rechte bangten, nur widerwillig hingenommen. Zwar hatten die Friedensmacher ethno-nationalistischen Exzessen vorzubeugen versucht und alle Nachfolgestaaten zur Unterzeichnung von Minderheitenschutzverträgen gezwungen. In der Praxis boten die oktroyierten Regelungen aber keinen hinreichenden Schutz. Auch der Völkerbund, der auf Betreiben des amerikanischen Präsidenten zur dauerhaften Friedenssicherung 1920 – allerdings ohne Beteiligung der USA – gegründet worden war und der als Vermittlungs- und Schiedsinstanz bei künftigen Streitfällen eingreifen sollte, konnte der ihm zudachten Rolle nicht gerecht werden. Den Bevölkerungsgruppen, die durch die Grenzziehungen gegen ihren Willen in einen Minderheitenstatus gebracht wurden, war in Artikel 19 der Völkerbundsatzung ein Petitionsrecht beim Völkerbund zugestanden worden, die Zulassung von Beschwerden war aber an die Mitbeteiligung eines Mitgliedes des Völkerbundsrats gebunden. Von den eingereichten Petitionen sind daher nur ganz wenige angenommen und bis zu einer endgültigen Entscheidung verhandelt worden. Beide Vorsichtsmaßnahmen der Friedensmacher, die Minderheitenschutzverträge und das Petitionsrecht beim Völkerbund, waren gut gemeint, in der Praxis erwiesen sie sich jedoch während der Zwischenkriegszeit als wenig taugliche Instrumente, um im politischen Diskurs einen fairen innerstaatlichen Interessenausgleich herbeizuführen und gewaltsame Homogenisierungen zu Lasten der Minderheiten zu verhindern.

Folgeschwere administrative Diskriminierungen der Minderheiten zeigten sich während der Zwischenkriegszeit u. a. in der

Schulfrage und in der Sozialpolitik. Bei einer noch überwiegend agrarischen Bevölkerungsstruktur war die Lösung der Landfrage in allen Ländern Ostmittel- und Südosteuropas von grundlegender Bedeutung für die innere Stabilität. Ein Massenheer von Zwergbauern und Landlosen träumte von einer Zerschlagung des Großgrundbesitzes und von großzügigen Landzuteilungen. Sie fanden in den Ideologen der «Grünen Revolution» und den Führern der für Ostmitteleuropa typischen Bauernparteien engagierte Interessenvertreter, die für die Belange der Landbevölkerung kämpften. Ihre Agitationen drängten die Regierungen, korrigierend in die ungerechte Verteilung des Bodenbesitzes einzugreifen und zugunsten der sozial schwachen und verarmten Landbevölkerung notfalls auch zum Zwangsmittel der Landenteignungen zu greifen. Latifundienbesitzungen waren in Südosteuropa vor allem in Teilen Ungarns, in Slawonien-Kroatien und in der Vojvodina, in Bosnien-Herzegowina (vor allem in muslimischer Hand) und in Rumänien (im sog. Altreich/Vechiul Regat, d.i Moldau, Walachei und Dobrudscha, und in Bessarabien) verbreitet, während in Slowenien, Serbien, Bulgarien und Griechenland kleinbäuerliche Betriebsformen vorherrschten. In Rußland waren den Bolschewiki im Oktober/November 1917 mit ihren klassenkämpferischen Parolen zur Lösung der Agrarfrage die Machtübernahme und der Umsturz des zarischen Systems gelungen. Ihr Vorgehen fand wenig später in der kurzzeitigen Rätediktatur Béla Kuns in Ungarn (21.3.–1.8.1919) eifrige Nachahmer. In Bulgarien übernahm der radikale Bauernführer Aleksandăr Stambolijski 1920 die Regierungsverantwortung und leitete ein umfassendes Reformprogramm ein, dessen Umsetzung ihm, wie oben erwähnt, 1923 Amt und Leben kosten sollte. Im ehemals russischen Bessarabien waren noch im Verlaufe des Jahres 1917 durch bäuerliche Selbsthilfe zwei Drittel des Großgrundbesitzes (Staats- und Kronsland, Besitzungen absentistischer Gutsherren, ausländischer Privatbesitz) schon umverteilt worden. Die grassierende Bolschewismusfurcht und der drohende Umsturz der bestehenden Eigentumsordnung mobilisierten starke Gegenkräfte, um weitere unkontrollierte Enteignungen zu verhindern. Besonders in Ungarn erreichten es einflußreiche Berater aus Hochadel und dem katholischen Klerus, daß in der Ära des Reichsverwesers Hórthy gravierende Eingriffe in die Grundbesitzverhältnisse aufgeschoben wurden und dem «Land der drei Millionen Bettler» die extrem ungleiche Landverteilung als eine schwere Hypothek erhalten blieb.

Mehr Erfolg hatten die Bemühungen um eine Bodenreform in jenen Staaten Südosteuropas, in denen nationalen Belangen Vorrang vor den sozialen Erfordernissen eingeräumt wurde. Vielfältige Manipulationsmöglichkeiten boten sich sowohl bei der Festlegung der oberen Bemessungsgrenzen des Großgrundbesitzes wie beim Verteilungsschlüssel für Landzuweisungen an. Die Rücksichtnahme auf regionale Besonderheiten der Grundbesitzverhältnisse diente zur Bevorzugung einheimischer Magnaten. Bei den Bodenreformen im SHS-Staat hatte man den ungarischen und muslimischen Großgrundbesitz in Kroatien-Slawonien und in der Vojvodina im Visier, in Rumänien waren russische Besitzer in Bessarabien, polnische in der Bukowina und ungarische bzw. deutsche in Siebenbürgen von Enteignungen betroffen. Von der Umverteilung profitierten vor allem Landlose und Zwergbauern der jeweiligen Mehrheitsnationen.

Die Bodenreformen der Zwischenkriegszeit konnten den Landhunger der Bauern nicht stillen und eine weitere Pauperisierung der Landbevölkerung nicht verhindern. Die beabsichtigte Schwächung des «fremden» Grundbesitzes mußte teuer erkauft werden. Aus den bisherigen Großbetrieben entstand eine Vielzahl kleinbäuerlicher Subsistenzwirtschaften, die nicht mehr in der Lage waren, eine nennenswerte Überschußproduktion für den Export zu erwirtschaften. Der zunehmende Eigenverbrauch und der Rückgang der Ernteerträge schränkten den Handlungsspielraum der nationalen Wirtschaftspolitik in den Agrarstaaten Südosteuropas erheblich ein. Mit einem verschärften ökonomischen Nationalismus, der auf Autarkie setzte, waren die Nachteile eines geschrumpften Binnenmarktes und die abrupte Unterbrechung der traditionellen Handelsverbindungen nicht zu kompensieren. Die Auflösung der bisherigen großräumigen Wirtschaftsareale bescherte den heimischen Produzenten lästige Handelshemmnisse durch neue Zollgrenzen. Mit ihren primitiven Anbaumethoden waren sie der überseeischen Konkurrenz nicht mehr gewachsen. Amerikanische, kanadische, argentinische und australische Anbieter verdrängten mit ihren qualitativ besseren und preisgünstigeren Agrarprodukten die Balkanländer vom Markt. Zusätzliche Handelshemmnisse ergaben sich aus dem rapiden Verfall der Agrarpreise und den Einfuhrbeschränkungen, die zum Schutz der heimischen Agrarwirtschaft in den europäischen Industriestaaten erlassen wurden. Für dringend benötigte Investitionen fehlten daher die Deviseneinnahmen. Die prekäre Wirtschaftslage schuf neue Abhängigkeiten mit gravierenden politischen Folgen.

Zwischen Demokratie und Volksdemokratie

Nur in der Tschechoslowakei bot in der Zwischenkriegszeit die fortgeschrittene industrielle Entwicklung des böhmischen Raumes ein vergleichsweise solides ökonomisches Fundament für eine parlamentarische Demokratie. Die Agrarstaaten Südosteuropas blieben dagegen sehr viel krisenanfälliger. Sie mußten um ihre wirtschaftliche und politische Überlebensfähigkeit bangen und waren wegen der schwierigen Wirtschaftslage erpreßbar. Eine rasche ökonomische Erholung und innere Konsolidierung waren kaum zu erwarten. Zur Sanierung und Stabilisierung ihrer Staatsfinanzen mußten nahezu alle Regierungen in den 20er Jahren fremde Hilfe in Anspruch nehmen. Der fällige Schuldendienst fraß einen großen Teil der Exporterlöse wieder auf. Kriegsschäden, ein drastisch geschrumpfter Binnenmarkt, eine unterdurchschnittliche Arbeitsproduktivität und der chronische Kapitalmangel behinderten den Neuanfang. Zur Finanzierung des Wiederaufbaus war man auf die Ausfuhr landwirtschaftlicher Produkte angewiesen und von Abnehmerländern abhängig, die sich ihrer Machtposition bewußt waren und die Konditionen und Zahlungsbedingungen diktierten. Spätestens die verhängnisvollen Auswirkungen der Weltwirtschaftskrise ließen erkennen, daß in den Nachfolgestaaten die tragfähigen Grundlagen für eine zeitgemäße moderne Zivilgesellschaft noch fehlten und die demokratischen Spielregeln zur Bewältigung der anhaltenden Strukturkrise nicht ausreichten. Unter diesen ungünstigen Voraussetzungen konnte die Abkehr von der Vergangenheit nur zögernd vollzogen werden. Während in den ehemaligen Vielvölkerstaaten die Erhebung der Massen in den Revolutionsjahren 1917/1918 die herrschenden Dynastien hinweggefegt hatte und die Tschechen und Slowaken die Verbindung zum Hause Habsburg endgültig aufkündigten, blieb in den Balkanstaaten auch unter den Bedingungen des Versailler Systems die bisherige monarchische Ordnung noch bis zum Ende des Zweiten Weltkrieges erhalten. Selbst die Griechen kehrten 1935 erneut zur Monarchie zurück. In Ungarn sanktionierte zwar nach dem gescheiterten Restaurationsversuch des Königs Karl IV. (Karl I. als ehemaliger Kaiser von Österreich) im Oktober 1921 ein Parlamentsbeschluß die Entthronung des Hauses Habsburg-Lothringen, Admiral Miklós Hórthy von Nagybánya hielt aber in seiner Funktion als Reichsverweser die Entscheidung über die künftige Regierungsform weiterhin formal offen. In Albanien stornierte der Abkömmling einer alten Adelsfamilie Ahmed Zogu (1895–1961), der 1924 mit seinen Freischaren und jugoslawischer Rückendeckung die oberste Regierungsgewalt zurückgewonnen hatte, die 1925 eingeführte republikanische Staatsform und ließ sich am 1.9.1928 zum «König der Albaner» proklamieren. Erst die Landung italienischer Truppen im Mai 1939 zwang ihn, das Land für immer zu verlassen.

An der Entstehung und der Fortdauer der politischen und sozialen Verwerfungen während der Zwischenkriegszeit in Südosteuropa waren die herrschenden Dynastien und die Hofkamarilla nicht unbeteiligt. Die widerstreitenden Interessengruppen und Klientelverbände waren zu einer vorausschauenden Reformpolitik und zu einer Lösung der anstehenden akuten Probleme unfähig. Sie hielten sich nur widerwillig an die demokratischen Gepflogenheiten und machten das Land immer unregierbarer. Obrigkeitliche Eingriffe bereiteten seit Ende der 20er Jahre in allen Ländern von Estland bis Griechenland den Boden für einen Ausstieg aus dem parlamentarischen System vor. Im

SHS-Staat hatte König Alexander schon 1929 die Konsequenzen aus dem Parteienstreit gezogen. Er hob die Verfassung auf und proklamierte in dem nunmehr «Jugoslawien» benannten Vielvölkerstaat die Königsdiktatur. In den 30er Jahren schlug allenthalben die Stunde der Militärs. Offiziersputsche erzwangen in Bulgarien, in Rumänien und in Griechenland einen Regimewechsel und drängten die Könige zu einem autoritär-diktatorischen Regierungsstil.

Die neuen starken Männer wie Reichsverweser Miklós Hórthy in Ungarn, General Ioannis Metaxas in Griechenland, Marschall Ion Antonescu in Rumänien oder König Ahmed Zogu in Albanien paßten sich den veränderten Rahmenbedingungen in den Staatenbeziehungen an und nahmen Rücksicht auf die Spielregeln, die der deutsche Nationalsozialismus und der italienische Faschismus in ihrer jeweiligen Einflußzone einseitig verordnet hatten. Die unausweichlichen wirtschaftlichen Realitäten erzwangen weiterreichende politische Zugeständnisse an Deutschland und Italien. Sie sind in den Planungskonzepten einer «Ergänzungswirtschaft» in Südosteuropa schon von den politischen und wirtschaftlichen Führungskräften in der Weimarer Republik einkalkuliert und schließlich 1934 in dem sog. Großen Plan Hjalmar Schachts von den Balkanstaaten rigoros eingefordert worden. Dem nationalsozialistischen Deutschland dienten die Pläne einer Großraumwirtschaft als willkommene Zugabe zu einer aktiven Balkanpolitik mit betont revisionistischen Zielsetzungen. Die als Gegenleistung angebotenen Kompensationsgeschäfte sind über Clearingabkommen abgewickelt worden. Dieses Verfahren erleichterte es den südosteuropäischen Agrarstaaten, in einer längerfristigen Perspektive einen aufnahmefähigen Abnehmermarkt für ihre landwirtschaftliche Produktion zu finden und ihre knappen Devisenvorräte zu schonen. Der Preis war allerdings eine weitgehende wirtschaftliche und politische Abhängigkeit. Sie schwächte die Eigenständigkeit und zwang schließlich die Balkanstaaten in der sich abzeichnenden militärischen Konfrontation in Europa an die Seite der Achsenmächte. Dem Dreimächtepakt, der am 27. September 1940 vom Deutschen Reich, Italien und Japan in Berlin unterzeichnet wurde, traten noch im gleichen Jahr Ungarn, Rumänien und die Slowakei bei. Bulgarien, Jugoslawien und Kroatien folgten 1941. Albanien mußte schon ein Jahrzehnt zuvor mit der Unterzeichnung des 1. Tiranapaktes am 27. November 1927 ein faktisches Protektoratsverhältnis akzeptieren. Am 7. April 1939 besetzten italienische Truppen das Land und vertrieben den König. Nur Griechenland wagte es, sich dem Zugriff der Achsenmächte zu widersetzen. Den von Mussolini befohlenen italienischen Angriff im Epirus am 28. Oktober 1940 wehrte die griechische Armee wider Erwarten erfolgreich ab. Erst die Intervention Hitlers, der am 6. April 1941 mit dem Luftangriff auf Belgrad ein Ausscheren Jugoslawiens verhinderte, und der Einmarsch deutscher und bulgarischer Verbände (Operation Maritza) zwang sie zur Kapitulation. Gemeinsam mit seinem italienischen Partner diktierte Hitler nach dem Abschluß des Balkanfeldzugs eine politisch-territoriale Neuordnung auf der Balkanhalbinsel. Von seinen ungarischen, bulgarischen und rumänischen Verbündeten erwartete Hitler eine bedingungslose Gefolgschaft in der sich abzeichnenden Auseinandersetzung mit der Sowjetunion. Die Zivilbevölkerung in den besetzten Gebieten erlebte die Schrecken des Zweiten Weltkriegs vornehmlich als alltägliche bewaffnete Auseinandersetzung zwischen den Besatzungstruppen und einheimischen Widerstandsgruppen, die wachsenden Zulauf erhielten. Sie wurde auf beiden Seiten mit beispielloser Härte geführt. In den Kommandostrukturen der Partisanenbewegung, die von kommunistischen Führerpersönlichkeiten dominiert wurde, waren schon frühzeitig die tragenden Elemente einer künftigen Nachkriegsordnung angelegt.

Die Kroaten nutzten nach dem gescheiterten Versuch der Belgrader Regierung, sich in letzter Minute dem Würgegriff Hitlers zu entziehen und den Beitritt zum «Dreimächtepakt» zu revidieren (Militärputsch vom 27. März 1941), die Chance, die ungeliebte Verbindung zu den serbischen Nachbarn aufzukündigen. Parteigänger Hitlers etablierten im April 1941 im «Unabhängigen Staat Kroatien» (Ustaša-Staat) des Ante Pavelić (1889–1959) einen faschistoiden Vasallenstaat, der sich mit seiner brutalen Verfolgungs- und Vernichtungspolitik gegen Serben, Juden und Roma sehr rasch diskreditierte. Für die exzessive nationalsozialistische Verfolgungs- und Vernichtungspolitik gegenüber den Juden fanden sich nicht in allen Balkanstaaten willige Helfer. Anhänger eines aggressiven Antisemitismus rekrutierten sich vornehmlich aus der Ustaša-Bewegung in Kroatien, aus dem Umfeld der 1927 von Corneliu Zelea Codreanu (1899–1938) gegründeten «Eisernen Grade» (eigentl. «Legion Erzengel Michael») in Rumänien und unter den «Pfeilkreuzlern» des Férenc Szálasi in Ungarn, der in der Endphase des Zweiten Weltkrieges für kurze Zeit als «Staatsführer» Admiral Hórthy ablöste und im Schutze der deutschen Truppen die Macht übernahm. Mit der vorrückenden Roten Armee, die am 24. August 1944 die Ostgrenze Rumäniens überschritt, begann ein neues Kapitel in der Geschichte der Balkanhalbinsel. In dem Diktator des Sowjetimperiums Stalin fand Hitler seinen Bezwinger und gleichzeitig seinen Nachfolger und Nachahmer in der Beherrschung Südosteuropas.

V. Der Balkan nach 1945

Das kommunistische Experiment

Nach der Niederlage Hitler-Deutschlands übernahm die Sowjetunion in ihrem westlichen und südwestlichen Vorfeld die politische und wirtschaftliche Führungsrolle. Nach den negativen Erfahrungen der Zwischenkriegszeit wollte sich Stalin zum Schutz der sowjetischen Westgrenzen nicht mehr mit bilateralen Absprachen und einem durch Militärallianzen gestützten System kollektiver Sicherheit begnügen. Er forderte eine bedingungslose Unterordnung und eine Anpassung der Verfassungsstrukturen an das sowjetische Modell. Einheimische kommunistische Kader standen nur in einem beschränkten Maße als willige Helfer zur Verfügung. Während der Zwischenkriegszeit waren in allen Balkanstaaten die kommunistischen Parteien verboten worden, und eine Parteiarbeit war nur in der Illegalität im Untergrund möglich gewesen. Kommunisten engagierten sich in der Partisanenbewegung gegen die Besatzungsmächte und empfahlen sich als Vorkämpfer einer breiten antifaschistischen Volksbewegung. Unter dem Deckmantel einer patriotischen vaterländischen Front gegen Faschismus und Fremdherrschaft gelang es im besetzten Jugoslawien insbesondere Tito (Josip Broz), Mitstreiter aus allen gesellschaftlichen Gruppen für seine Partisanenverbände zu rekrutieren. In dem «Antifaschistischen Rat der nationalen Befreiung Jugoslawiens» (Antifašističko vijeće narodnog oslobodjenja Jugoslavije/AVNOJ), der am 26./27. November 1942 in Bihać gegründet wurde und ein Jahr später, am 29. November 1943, in Jajce eine Provisorische Regierung bildete, verstand er es sehr geschickt, die spätere Machtübernahme unter kommunistischer Führung vorzubereiten. Nach dem Sieg Stalins hatten die nichtkommunistischen Parteien in den von der Roten Armee kontrollierten Balkanländern kaum noch eine Chance, gleichberechtigte politische Mitspracherechte zu reklamieren. Ihre prominenten Führungspersönlichkeiten wurden durch polizeiliche Schikanen massiv behindert, ins Exil gezwungen oder inhaftiert und in Schauprozessen als Landesverräter abgeurteilt. Die alleinregierenden Kommunisten duldeten neben sich nur noch gefügige Partner. Die bürgerlichen, sog. «faschistischen» Parteien wurden ebenso aufgelöst wie die sozialistischen Parteien. Unter dem sowjetischen Besatzungsregime löste nach 1945 eine antifaschistische «volksdemokratische» Ordnung das parlamentarisch-demokratische System ab und beendete endgültig das monarchische Zeitalter in Südosteuropa. Nur die Türkei und Griechenland konnten im Schutze der 1947 proklamierten Truman-Doktrin einen erzwungenen Systemwechsel vermeiden. Den Griechen gelang es allerdings erst nach einem bis 1949 andauernden blutigen Bürgerkrieg mit tatkräftiger Unterstützung der Briten, sich einer Machtübernahme der Kommunisten zu entziehen. Als NATO-Mitglieder bildeten seither die Türkei und Griechenland einen Sperriegel, der in der anbrechenden Phase des Kalten Krieges der Sowjetunion den direkten Zugang zum Mittelmeer verwehrte.

In den sog. Satellitenländern, die am Westrand des Sowjetimperiums die Vorfeldsicherung des russischen Arbeiter- und Bauernstaates zu übernehmen hatten, reproduzierten die nach 1945 von Moskau angestoßenen gesellschaftlichen Transformationsprozesse sowjetrussische Ablaufmodelle im Umgang mit dem inneren Klassenfeind. In den «Volksdemokratien» schuf sich das siegreiche Proletariat eine passende neue Staatsform, die den alleinigen Herrschaftsanspruch der Kommunistischen Partei sichern und den Weg zum Aufbau des Sozialismus und zu einer klassenlosen Gesellschaft unter Anleitung der KPdSU und mit der brüderlichen Hilfe des sowjetischen Volkes ebnen sollte. «Säuberungen» erstickten nationalkommunistische Abweichungsversuche schon im Keime und verhalfen der stalinistischen Führungsriege zur alleinigen innerparteilichen Macht. Aufwendige Schauprozesse nach Moskauer Vorbild wurden Ende der vierziger und Anfang der fünfziger Jahre in allen sozialistischen Staaten Ostmittel- und Südosteuropas zur Einschüchterung der Parteimitglieder und der Bevölkerung inszeniert. Ihre Opfer waren u. a. László Rajk in Ungarn, Koçi Xoxe in Albanien, Trajčo Kostov in Bulgarien, Lucreţiu Pătrăşcanu, Ana Pauker und Vasile Luca in Rumänien. In dem 1949 gegründeten «Rat für gegenseitige Wirtschaftshilfe» (RGW bzw. COMECON) setzte die Sowjetunion ihren Führungsanspruch innerhalb des sozialistischen Lagers rücksichtslos durch und nutzte ihre Vorrangstellung in den bilateralen Wirtschaftsbeziehungen für ihre eigenen Interessen. Gegen eine weitergehende Integration der sozialistischen Volkswirtschaften regte sich allerdings nachhaltiger Widerstand. Vor allem die Parteiführungen in Ungarn und in Rumänien beharrten auf ihrer Eigenständigkeit und steuerten einen nationalen Kurs. Tito hatte schon im sog. Kominform-Konflikt 1948 den offenen Bruch mit den Machthabern im Kreml riskiert und nach einem eigenen Weg zwischen den Machtblöcken gesucht. Nach der Aussöhnung Titos mit der sowjetischen Führung ließ sich Jugoslawien ab 1964 über einen Assoziierungsvertrag in Teilbereichen wieder in die Wirtschaftsplanungen der RGW-Ländern einbinden. Albanien, das 1948 noch geflissentlich den Weisungen aus Moskau gefolgt war und die Zusammenarbeit mit dem verfemten jugoslawischen Nachbarn aufgekündigt hatte, scherte 1961 ebenfalls aus dem Moskauer Bündnissystem aus. Wegen unüberbrückbarer Meinungsverschiedenheiten im Zusammenhang mit der Entstalinisierungspolitik Nikita S. Chruščevs beendete es die Mitgliedschaft im Warschauer Pakt, dem gemeinsamen Verteidigungsbündnis der sozialistischen Staatengemeinschaft, und suchte Anlehnung an die Volksrepublik China. Obwohl die chinesische Führung 1968 in einem Wirtschafts- und Handelsabkommen tatkräftige Wirtschafts- und Militärhilfe in Aussicht stellte, zahlte sich der spektakuläre Kurswechsel auf längere Sicht nicht aus. Er sollte sich als ein Schritt in die Isolation erweisen, zumal die chinesischen Lieferungszusagen nur bis 1978 Bestand hatten. Unter dem alternden Parteichef Enver Hoxha steuerte die sich immer mehr gegenüber der Außenwelt abschottende kommunistische Führung das Land in den wirtschaftlichen Ruin.

Im weltweiten Wettbewerb der «kapitalistischen» und «sozialistischen» Gesellschaftssysteme blieb das planwirtschaftliche Wirtschaftsmodell hinter dem marktwirtschaftlichen immer weiter zurück. Chruščevs programmatische Ankündigung des raschen Einholens und Überholens war nicht einlösbar. Den Verwaltern einer sozialistischen Mangelwirtschaft fehlten die notwendigen Ressourcen, um die steigenden Konsumwünsche der Bevölkerung zu bedienen. Den Funktionären der alleinregierenden kommunistischen Parteien fiel es immer schwerer, die erheblichen Einschränkungen der Meinungs- und Bewegungsfreiheit und die großzügigen Privilegien der Nomenklatura zu rechtfertigen. Massive Unmutsäußerungen und wiederkehrende Unruhen in den sozialistischen Staaten zeigten, daß die Partei des Proletariats selbst bei den Arbeitern ihren Kredit als radikale Reformbewegung zusehends verspielte und den Rückhalt in der Bevölkerung verlor. Die Arbeiterunruhen vom 17. Juni 1953 in Ostberlin, der Volksaufstand 1956 in Ungarn und die Bewegung des sog. Prager Frühlings 1968 drohten sich zur Existenzkrise des ganzen Herrschaftssystems auszuweiten und provozierten den Aufmarsch sowjetischer Panzer. Auf die Dauer war die Interventionsdrohung der sog. Brešnev-Doktrin aber kein geeignetes Mittel, den immer brüchiger werdenden Zusammenhalt des sog. Ostblocks zu kitten. 1985 beendete die Wahl Michail Gorbačevs zum neuen Generalsekretär der KPdSU eine Phase der Agonie, die von der Immobilität einer rückwärtsgewandten Gerontokratie in der Kremlführung geprägt war. Eine zügig eingeleitete Reformoffensive versprach mehr Offenheit und Transparenz und einen Umbau der verkrusteten gesellschaftlichen Strukturen (Glasnost und Perestrojka). Das sowjetische Vorgehen löste in allen Staaten des sozialistischen Lagers hektische Aktivitäten und Reformbemühungen aus. In eilig einberufenen Gesprächsforen wurden teilweise weitgehende Mitwirkungsmöglichkeiten eingeräumt und politische Zugeständnisse ausgehandelt. Die Angebote an die Bevölkerung reichten allerdings nicht mehr aus, die diskreditierte Idee des Sozialismus und den Monopolanspruch der kommunistischen Parteiführung zu retten. Aus «Dissidenten» und

Menschenrechtsgruppen formierte sich unter Berufung auf die KSZE-Schlußakte von Helsinki im Jahre 1975 eine breite Bürgerbewegung, die innerhalb weniger Monate an der Wende 1989/90 das Ende der kommunistischen Parteiherrschaft in den ostmitteleuropäischen Ländern herbeiführte und einen radikalen Systemwechsel erzwang.

Die Vordenker und Vorbereiter des revolutionären Umbruchs in Ost- und Südosteuropa fanden sich vor allem in Polen und in Ungarn. Der Zulauf zu der 1980 in Danzig gegründeten unabhängigen polnischen Gewerkschaftsbewegung «Solidarność» war auch durch Verbote, Inhaftierung der Initiatoren und Verhängung des Kriegsrechtes nicht mehr zu bremsen gewesen. In den Balkanländern sahen sich zu diesem Zeitpunkt die Parteistrategen noch nicht durch vergleichbare Initiativen prominenter Reformkommunisten herausgefordert. Den verstreuten Dissidentengruppen, die mehr Mitbeteiligung der Bevölkerung an den innergesellschaftlichen Entscheidungsprozessen einforderten, fehlte die notwendige Breitenwirkung.

Ende der 80er Jahre hatte sich das gesellschaftliche Umfeld radikal verändert. Kein Land konnte sich mehr dem unwiderstehlichen Sog der revolutionären Entwicklungen entziehen. Die herrschenden Kommunisten sahen sich überraschend schnell gezwungen, nahezu kampflos ihre unhaltbaren Machtpositionen zu räumen und eine ungehinderte Umsetzung der Demokratisierungswünsche zuzulassen. Den Parteiführungen wurden die Versäumnisse und aufsummierten Defizite des realen Sozialismus, die desolate Wirtschaftslage, chronische Versorgungsengpässe und der niedrige Lebensstandard, die Beschränkungen der freien Meinungsäußerung und der Reisemöglichkeiten zum Verhängnis. Sie wurden aber auch von einer unseligen Vergangenheit eingeholt, deren Geister längst gebannt schienen. Wie in der UdSSR, die sich 1991 nach der Aufkündigung der Union durch die Teilrepubliken auflöste, meldeten sich auf der Balkanhalbinsel ungelöste nationale Probleme und irrationale ethnische Konflikte mit ungeahnter Sprengkraft zurück. Sie waren bisher unter den Vorgaben der sowjetmarxistischen Doktrin mit den Beschwichtigungsformeln der proletarischen

Solidarität und der brüderlichen Völkerfreundschaft zugedeckt und ihre Erörterung aus dem öffentlichen Diskurs verbannt worden. Im Hintergrund schwelten sie weiter. Nicolae Ceauşescu, der seit 1965 als Erster Sekretär bzw. Generalsekretär der rumänischen KP und als Staatsoberhaupt (1967–1974 Vorsitzender des Staatsrats, 1974–1989 Staatspräsident) gestützt auf die Geheimpolizei «Securitate» mit eiserner Faust regierte, gefiel sich in der Pose eines nationalen Führers der Rumänen, der auch gegenüber der Moskauer Zentrale die Eigenständigkeit betonte. Unter seiner repressiven Nationalitätenpolitik hatten jahrzehntelang die Minderheiten (Ungarn, Deutsche, Juden) erheblich zu leiden. Als im Dezember 1989 die Bevölkerung in Temesvar wegen der Zwangsdeportation des reformierten Pastors László Tökés auf den Straßen demonstrierte und die Unruhen auf die Hauptstadt Bukarest übergriffen, versagten ihm selbst die engsten Mitarbeiter die weitere Gefolgschaft. Der Diktator wurde am 22. Dezember 1989 von seinen eigenen Parteifreunden gestürzt und nach einem eilig durchgezogenen geheimen Militärgerichtsverfahren am 25. Dezember zusammen mit seiner Frau Elena hingerichtet.

Mit Waffengewalt ausgetragene Nationalitätenkonflikte überschatteten 1991/1992 auch die Ablösung der benachbarten ehemaligen Sowjetrepublik Moldau aus dem russischen Staatsverband. Die Bewohner des östlich des Dnjestr gelegenen und mehrheitlich von Russen und Ukrainern bewohnten Gebietsstreifens schlossen sich der Sezession nicht an und riefen eine eigene Dnjestr-Republik (Transnistrien) aus. Erst 1992 konnte die russische 14. Armee unter General Aleksandr Lebedev, die in Tiraspol stationiert wurde, die heftigen Kämpfe zwischen Polizeieinheiten und Milizen beenden. Verhandlungen über eine Föderation mit der Republik Moldau sind bisher gescheitert.

Von länger andauernden Nationalitätenkonflikten betroffen war schon in kommunistischer Zeit vor allem Bulgarien. Sie eskalierten in der Endphase der Ära des Partei- und Staatschefs Todor Živkov (1911–1998), der 1989 zum freiwilligen Rücktritt gezwungen wurde. Bulgarisierungsmaßnahmen, die nur die Wahl zwischen Assimilation oder Emigration ließen, hatten seit den 50er Jahren die Zahl der bulgarischen Muslime (Türken und bulgarischsprachige Pomaken) und der muslimischen Einrichtungen erheblich reduziert. Die 1984 befohlenen administrativen Maßnahmen zur endgültigen Lösung der Türkenfrage veranlaßten über 300 000 bulgarische Muslime zum Exodus in die Türkei und lösten weltweite Proteste aus.

Im titoistischen Jugoslawien waren nach den schlimmen Erfahrungen der Zwischenkriegszeit nationale Konfliktthemen in der öffentlichen Diskussion tabuisiert. Tito selbst hatte sich zu einem vehementen Verfechter der Gesamtstaatsidee entwickelt. Im Dezember 1971 löste er die gesamte Parteiführung in Kroatien wegen nationalistischer Verfehlungen ab. Nur in Teilbereichen war er zu Zugeständnissen in der nationalen Frage bereit. Er ließ 1946 die Ausgliederung einer eigenen makedonischen Nation und 1968 die Anerkennung der bosnischen Muslime als eine nationale Gruppierung in ihrer Teilrepublik des jugoslawischen Bundesstaates zu. Die in der Verfassung von 1974 vorgesehene vorsichtige Föderalisierung der Partei und des Gesamtstaates sollte der nationalen Frage die Schärfe nehmen und ausufernden Eigeninteressen in den Teilregionen vorbeugen. Nach dem Tode Titos (1980) fehlte die ausgleichende Integrationsfigur. Zum Austarieren der divergierenden Republikinteressen reichte das Rotationsprinzip, das bei der Besetzung der obersten Ämter in Staat und Gesellschaft vorgesehen war, nicht aus. Die Idee der nationalen Eigenständigkeit gewann eine zunehmende Anziehungskraft. Sie wurde zum Motor der politischen Emanzipation und der nationalen Absonderung. Der sich abzeichnende Zerfall des jugoslawischen Bundesstaates weckte Begehrlichkeiten und gab den zentrifugalen Kräften Auftrieb. Aus Belgrader Sicht drohten die Serben ihre bisherige Führungsrolle einzubüßen und in der Unruheregion Kosovo den Kernraum des mittelalterlichen Nemanjidenstaates und der altserbischen orthodoxen Klöster- und Kulturtraditionen und das Heimatrecht auf dem blutgetränkten Boden des Amselfeldes an die geburtenstarke albanische Mehrheitsbevölkerung zu verlieren. Dieser befürchtete «demographische Genozid» schürte Bedrohungs- und Verdrängungsängste unter den Serben, die Slobodan

Milošević zur Förderung der eigenen Karriere und 1987 zur Machtübernahme innerhalb der Serbischen Kommunistischen Partei zu nutzen verstand. In publikumswirksam inszenierten öffentlichen Auftritten stilisierte er sich zum Führer der bedrängten serbischen Nation. Ein 1986 veröffentlichtes Memorandum der Serbischen Akademie der Wissenschaften lieferte ihm die passenden Argumente für ein großserbisches Aktionsprogramm. 1989 verfügte er die Suspendierung der Autonomie des Kosovo und der Vojvodina und trat damit eine Lawine los. In dem eskalierenden Streit um die Verfassung und die Weisungskompetenz im jugoslawischen Bundesstaat entschieden sich 1990/91 die ehemaligen Teilrepubliken Slowenien, Kroatien und Makedonien für den Weg in die Unabhängigkeit. Während sich die Slowenen sehr rasch dem Zugriff Belgrads entziehen konnten, mußten die schlecht gerüsteten Kroaten und bosnischen Muslime 1991–1995 und die Albaner im Kosovo 1998/99 einen mörderischen Bruderkrieg gegen die serbische Armeeführung bestehen, die über die Waffenarsenale der Jugoslawischen Volksarmee verfügen konnte. Erst die massive militärische Intervention der NATO erzwang 1995 in Bosnien-Herzegowina (Abkommen von Dayton am 21. November 1995) und 1999 im Kosovo (UN-Übergangsverwaltung – UNMIK) eine Beendigung der auf beiden Seiten mit beispielloser Grausamkeit geführten Kampfhandlungen. Die Ära Milošević war erst im Oktober 2000 zu Ende. Unter dem Druck der Massen mußte er als Staatspräsident sein Amt aufgeben. Am 1. April 2001 ließ ihn Ministerpräsident Zoran Djindjić festnehmen und am 28. Juni, dem symbolträchtigen St. Veitstag (Vidovdan) der serbischen Geschichte, an das Kriegsverbrechertribunal in Den Haag ausliefern. Mit Milošević verließ der letzte Statthalter stalinistischer Herrschaftsmethoden die politische Bühne in Südosteuropa. Die Zeit der Diktaturen des 20. Jahrhunderts, die in allen ihren Varianten – deutscher Nationalsozialismus, italienischer Faschismus und sowjetischer Stalinismus – mehrere Jahrzehnte das Schicksal der Balkanvölker geprägt hatten, war endgültig abgelaufen.

Die Rückkehr nach Europa

Die Bilanz der planwirtschaftlichen Experimente kommunistischer Regierungen ist in der Rückschau auf ein halbes Jahrhundert für die Länder Ostmittel- und Südosteuropas wenig ermutigend. Nimmt man allein die nackten Zahlen der Wirtschaftsstatistiken, dann spiegelt sich in ihnen auf den ersten Blick ein beachtlicher Entwicklungssprung in den Nachkriegsjahren nach dem Ende des Zweiten Weltkrieges wider. Der Übergang von der Agrar- zur Industriegesellschaft ist seit den 50er Jahren rasant beschleunigt worden. Alphabetisierung und Urbanisierung erreichten beachtliche Steigerungsraten. Eine Schwerindustrie wurde zu Lasten der Landwirtschaft buchstäblich aus dem Boden gestampft und ein Großteil der überschüssigen Landbevölkerung zur Abwanderung in die neu entstehenden industriellen Zentren veranlaßt.

Der quantitative Zuwachs in der Industrieproduktion ergibt allerdings ein trügerisches Bild. Der wirtschaftlich-gesellschaftliche Umstrukturierungsprozeß war vornehmlich durch politische Vorgaben in Gang gebracht worden. Die rigorose Abschottung vom Weltmarkt und von den Regulativen konstanter Außenhandelsbeziehungen ließ eine realistische Einschätzung des Kostenfaktors und der Wettbewerbsfähigkeit der heimischen Industrie nicht zu. Nach dem abrupten Ende der kommunistischen Parteiherrschaft und dem völligen Zusammenbruch des sowjetischen Wirtschaftssystems und des Binnenmarktes der RGW-Staaten sahen sich die Staaten Ostmittel- und Südosteuropas unversehens dem globalen Wettbewerb der ausländischen Konkurrenz ausgeliefert, in dem sie hoffnungslos unterlegen waren. In vielerlei Hinsicht waren sie erneut auf die Ausgangslage am Ende des Ersten Weltkrieges zurückgeworfen worden. Ein auffallender Rückgang der Gesamtbeschäftigung nach 1989 signalisierte enorme Anpassungsschwierigkeiten. Die zögernde Beseitigung der alten Strukturen verunsicherte ausländische Investoren. Die Führer kapitalkräftiger Wirtschaftsunternehmungen übten vorsichtige Zurückhaltung und zogen es vor, die Krisengebiete vorerst zu meiden. In einzelnen

Regionen machte sich eine schleichende Reagrarisierung bemerkbar. Nicht wenige Familien flüchteten in eine kleinbäuerliche Subsistenzwirtschaft, um das nackte Überleben zu sichern. Den sog. Visegrád-Staaten in Ostmitteleuropa (Polen, Ungarn und Tschechoslowakei bzw. seit 1993 Slowakische Republik und Tschechische Republik) gelang die Umstellung auf die neuen Marktbedingungen offensichtlich besser und ohne extreme soziale Verwerfungen. Die Armenhäuser Europas stehen heute in Südosteuropa. Nicht wenige Menschen müssen unterhalb der Armutsgrenze leben. Die kostspieligen kriegerischen Auseinandersetzungen im zerfallenden Jugoslawien und die gegen die Serben verhängten Boykottmaßnahmen hatten verheerende Auswirkungen auf die Gesamtregion. Unter erschwerten Ausgangsbedingungen muß heute in einer Zeit, in der ein übersteigerter Ethno-Nationalismus die überkommenen Spielregeln des Zusammenlebens ernsthaft gefährdet, ein neuer Anlauf zur wirtschaftlichen und politischen Konsolidierung unternommen werden. Der von der politischen Führung in allen Staaten geteilte Wunsch, wieder Anschluß an Europa zu finden und den Status künftiger EU-Beitrittskandidaten nicht zu verspielen, erfordert erhebliche Anstrengungen und einen langen Atem. Eine wesentliche Voraussetzung für eine bessere Zukunftsperspektive ist die Bereitschaft, sich mit den Nachbarn auszusöhnen und neue Wege zu einer grenzüberschreitenden Zusammenarbeit zu suchen.

Die Entwicklungen nach dem Zusammenbruch des kommunistischen Systems haben sehr eindringlich vor Augen geführt, daß diese Aufgabe von den einheimischen Führungskräften in der Region noch nicht aus eigener Kraft zu leisten ist. Sie haben aber auch sehr deutlich die Grenzen der ausländischen Hilfsangebote aufgezeigt. Die von der internationalen Staatengemeinschaft betriebene Interventionspolitik, die allein auf eine Kriegsprävention und eine Eindämmung gewaltsamer Übergriffe abzielt, wird zur dauerhaften Befriedung der Balkanhalbinsel nicht ausreichen. Europa hat bei der noch ausstehenden Neuordnung der südosteuropäischen Krisenregion eine historische Bringschuld einzulösen. Der Stabilitätspakt für Südosteuropa, der auf Initiative der EU-Staaten am 10. Juni 1999 in Köln unterzeichnet wurde, ist ein erster ermutigender Schritt zu einer solidarischen Krisenbewältigung. Er bietet den vom Kriegsgeschehen betroffenen Balkanstaaten eine nachhaltige Unterstützung beim Aufbau einer demokratischen Gesellschaftsordnung und bei den anstehenden Wirtschaftsreformen an und stellt ihnen als Zukunftsperspektive die NATO-Mitgliedschaft und den späteren Beitritt zur Europäischen Gemeinschaft in Aussicht. Welche beschwerliche Wegstrecke dabei noch zurückzulegen ist, zeigt sich in Bosnien-Herzegowina. Der Idee gesonderter territorialer Einheiten unter dem gemeinsamen Dach eines Gesamtstaates, die im Abkommen von Dayton am 21. November 1995 vereinbart worden war, verweigern die verfeindeten Volksgruppen der Serben, Kroaten und Bosniaken immer noch die vorbehaltlose Umsetzung. Der Schritt vom erzwungenen Nebeneinander zum aktiven Miteinander steht noch aus. Im Kosovo sind noch keine ernsthaften Anstrengungen zur Aussöhnung unter den Mitbewohnern zu erkennen. Die Rückkehr der serbischen Flüchtlinge kommt nur sehr schleppend in Gang, ein Sachverhalt, der die humanitären Intentionen, von denen sich die internationale Staatengemeinschaft bei ihrer militärischen Intervention gegen das Milošević-Regime leiten ließ, nachträglich in ein schiefes Licht bringt und die Glaubwürdigkeit der von der EU verteidigten humanitären Prinzipien erschüttert. Die Forderung «Standards vor Status» läßt unter den gegenwärtigen Voraussetzungen das Schicksal des Kosovo weiterhin in einem gefährlichen Schwebezustand, der auf beiden Seiten zu Polarisierungen reizt und überzogene Erwartungen weckt. Immerhin hat in Makedonien das internationale Krisenmanagement im Friedensabkommen von Ohrid am 13. August 2001, das von den USA und der EU vermittelt wurde, ein labiles Gleichgewicht erreichen können. Eine vom Parlament am 6. September 2001 ratifizierte Verfassungsänderung sicherte den Albanern und den anderen Minderheiten politische Mitgestaltungsmöglichkeiten an dem gemeinsamen Staatswesen zu. Von ihrer Umsetzung wird es abhängen, ob das latente Mißtrauen unter den Bevölkerungsgruppen allmählich abgebaut werden kann.

Im Jahre 2004 wird mit dem EU-Beitritt Ungarns und Sloweniens eine neue Etappe in den Außenbeziehungen der südosteuropäischen Länder beginnen. Bulgarien und Rumänien sollen im Jahre 2007 nachfolgen. Mit der Türkei sollen Beitrittsverhandlungen aufgenommen werden, wenn weitere konkrete Fortschritte bei den Reformbemühungen sichtbar werden. Die Einbindung der Gesamtregion in die europäische Staatengemeinschaft ist eine kühne Zukunftsvision. Der zeitliche Ablauf ist allerdings noch kaum abzuschätzen. Auf dem EU-Gipfel in Thessaloniki wurde am 21. Juni 2003 eine Agenda für die Stabilisierungs- und Assoziierungsstrategie beschlossen und den Staaten des westlichen Balkans – Albanien, Bosnien und Herzegowina, Kroatien, der ehemaligen Jugoslawischen Republik Makedonien, Serbien und Montenegro – als potentiellen Beitrittskandidaten eine Zukunft innerhalb der Europäischen Union in Aussicht gestellt.

Ob in absehbarer Zeit der mühsame Weg der Balkanvölker zurück nach Europa zu einem guten Ende führen wird, ist eine bange Frage an die Zukunft. Die Anpassungsschwierigkeiten sind inzwischen unübersehbar. Sie geben Anlaß zu mancherlei Bedenken und zu kritischen Fragen, ob es in dem nunmehr dritten Anlauf seit dem Ende der osmanischen Fremdherrschaft gelingen wird, den Entwicklungsrückstand gegenüber den westlichen Gesellschaften aufzuholen und den erhofften Anschluß an die gesamteuropäischen Entwicklungstrends zu finden. Dazu wird es vordringlich notwendig sein, zunächst die überkommenen paternalistischen Verhaltensweisen in der Bevölkerung grundlegend zu ändern und die heillosen Verstrickungen in klientelistische Netzwerke und mafiöse Strukturen zu beenden. Die Erfahrung der letzten Jahre lehrt, daß es unter allen Transformationsländern den Balkanvölkern offensichtlich besonders schwer fällt, sich von den langen Schatten der Vergangenheit zu lösen. Nicht zufällig ist bei der Ablösung der korrupten kommunistischen Parteidiktaturen der Austausch des Führungspersonals weitgehend ausgeblieben. Die einflußreichen und lukrativen Führungspositionen in Staat und Gesellschaft halten weiterhin Funktionäre aus dem Umfeld der alten Nomenklatur besetzt. Die kritische Aufarbeitung der Vergangenheit ist vorerst zurückgestellt worden, brisantes Archivmaterial bleibt unter Verschluß. In den öffentlichen Diskussionen dominieren noch die populistischen Parolen eines aggressiven Ethno-Nationalismus. Die Rückgewinnung einer europäischen Identität erfordert eine mühsame Erziehungs- und Überzeugungsarbeit. Die Revision überkommener Vorurteile und Feindbilder muß zuerst in den Köpfen der Menschen beginnen.

Der Balkan als europäische Kulturlandschaft

In der öffentlichen Wahrnehmung der Mitteleuropäer ist der Balkan auch nach der Beilegung der kriegerischen Auseinandersetzungen weiterhin die periphere Problemzone der europäischen Staatengemeinschaft geblieben. Die Notwendigkeit der ausländischen Truppenpräsenz in Bosnien-Herzegowina, im Kosovo und in Makedonien verweist auf einen labilen Schwebezustand und ein fortdauerndes Gefährdungspotential in den interethnischen Beziehungen. In den anhaltenden Diskussionen über die weiteren Schritte der EU-Erweiterung erhalten pragmatische und ideologische Überlegungen ein neues Gewicht. Hochrangige Entscheidungsträger warnen vor einer Überdehnung des Europagedankens und verweisen auf die Grenzen der Leistungsfähigkeit. Zweifel an der Zugehörigkeit der Türkei zu einer europäischen Wertegemeinschaft werden laut. Selbst eine Ausgrenzung des orthodoxen Balkans wird in einem neu auflebenden «Streit der Kulturen» nicht mehr ausgeschlossen.

Bei allem Verständnis für das buchhalterische Kalkül der heute lebenden Generation wäre es sicher unzulässig, die Erinnerung an die Geschichte völlig aus dem Gedächtnis auszuklammern. Europa kann sich aus der Verantwortung einer gemeinsamen Geschichte nicht mehr fortstehlen. Es kann vor allem die Protektorenrolle, die es seit den Türkenkriegen am Ausgang des 17. Jahrhunderts bei der Lösung der sog. Orientalischen Frage auf der Balkanhalbinsel übernommen hat, nicht mehr ungeschehen machen. Europa hat bei der Entstehung der modernen Balkanstaaten im 19. Jahrhundert eine entscheidende Geburtshelferrolle gespielt und Mitverantwortung für die nationalstaatlichen Neugeburten übernommen. Europa war seither der Lehr- und der Zuchtmeister der Balkanvölker, der Ideengeber und das nachahmenswerte Vorbild. Europa hat durch die Entsendung seiner Berater und Fachleute die gesellschaftlichen Entwicklungen wesentlich mitgestaltet und die Transformation auf dem Weg von der Agrar- zur Industriegesellschaft gesteuert. Die europäischen Staaten traten als Abnehmer der heimischen Bodenschätze und der landwirtschaftlichen Produkte auf und nutzten ihrerseits den Wirtschaftsraum Südosteuropas zum Absatz ihrer Industrieerzeugnisse. Das europäische Finanzkapital beteiligte sich als Investor am Ausbau der Infrastruktur. Planung, Finanzierung und Bau des Eisenbahnnetzes in den einzelnen Balkanländern lagen in ausländischen Händen. Die Völker Südosteuropas hatten so über die engen Anbindungen an Mitteleuropa unmittelbaren Anteil an den Vorteilen und Nachteilen, die das «Zeitalter der Extreme» (Eric Hobsbawm) zu bieten hatte. Sie lernten, sich der höfischen Kultur fremder europäischer Monarchen und den Anforderungen einer entstehenden «Weltwirtschaft» und Industriegesellschaft anzupassen, und sie litten unter dem Würgegriff der Diktaturen des 20. Jahrhunderts.

Samuel P. Huntington geht in seiner Streitschrift über den Zusammenprall der Kulturen auf der Balkanhalbinsel von einer deutlich markierten Abgrenzung zwischen dem Einzugsgebiet der lateinischen Kirche und dem osmanisch-türkischen und orthodoxen Bereich aus. Den Völkern jenseits dieser Grenze fehlen nach seiner Auffassung wesentliche Errungenschaften der westlichen Zivilisation wie Feudalismus, Renaissance, Aufklärung, Französische Revolution und industrielle Revolution. Der Bremer Historiker Immanuel Geiss spricht von einem «binneneuropäischen Andreasgraben», der seit der römischen Reichsteilung des Jahres 395 n. Chr. quer durch Südosteuropa eine Teilungslinie zieht. Islam und die Orthodoxie werden den statischen Kulturen zugerechnet und von der dynamischen Kultur des «Westens» abgehoben. Gegenüber der orthodoxen Theologie Altrußlands ist im gleichen Zusammenhang der Vorwurf des «intellektuellen Schweigens» erhoben worden. Man vermißt die

Überwindung des mittelalterlichen mönchischen Obskurantismus, die Rationalisierung des theologischen Denkens und die Öffnung gegenüber den beherrschenden europäischen Geistesströmungen in der Epoche von Renaissance, Humanismus und Aufklärung.

Die Breitenwirkung, die von Huntingtons provozierenden Thesen ausging, hat derartigen kulturmorphologischen Spekulationen neuen Auftrieb gegeben. Der wieder auflebende Gedanke einer Kulturkreislehre verleitete zu voreiligen Schlußfolgerungen hinsichtlich des Islams auf der Balkanhalbinsel und der Zukunftsperspektiven des freiheitlichen parlamentarischen Systems in den Ländern Ost- und Südosteuropas. Manche glaubten sogar, die Demokratiefähigkeit einzelner Völker nach der Konfessionszugehörigkeit bemessen zu können. Derartige Pauschalierungen lassen völlig außer acht, daß sowohl die Ost- wie die Westkirchen dem gemeinsamen christlichen Erbe verpflichtet sind und die Völker des Balkanraumes den Wurzeln der europäischen Kultur in der griechisch-römischen Antike sogar noch näher stehen als die kontinentaleuropäischen Völker. Die historische Tiefendimension der beiderseitigen Beziehungen reicht sehr viel weiter, bis in die Antike, zurück. Der polnische Historiker Oskar Halecki zählt die Balkanhalbinsel zum mediterranen «Alteuropa», d. h. zu jenem Teil Europas, der bereits vor zweitausend Jahren «geschichtlich» war. In Südosteuropa stand die Wiege der europäischen Kultur. Auf dem Boden Ostroms, dem Herrschaftsraum des byzantinischen Reiches, hat sich jene fruchtbare Synthese von klassischer Antike und Christentum, von griechischer Kultur, römischer Staatstradition und christlicher Religion ergeben, die Grundlage des europäischen Selbstverständnisses geworden ist.

Wenn Europa nach den Worten O. Haleckis als geschichtliche Gemeinschaft nur deswegen zustande kam, «weil sich zahlreiche, untereinander völlig verschiedene Völker zu einer auf gemeinsamen kulturellen Auffassungen, Traditionen und Prinzipien beruhenden Zusammenarbeit vereinigten, ohne ihre Besonderheiten aufzugeben und ohne sich je politisch völlig zu vereinigen», dann hat gerade die Balkanhalbinsel bis in unser

Jahrhundert hinein mehr als andere Regionen jene europaspezifischen Eigenarten bewahrt. Diese unverwechselbare alteuropäische Kulturlandschaft für das gesamteuropäische Geschichtsverständnis wieder zurückzugewinnen, ist eine dringende Aufgabe der Kulturwissenschaften. Dabei werden nicht mehr nur die abschreckenden Folgen eines überzogenen Sprachnationalismus, die verhängnisvollen ethnischen Säuberungen, die Stammesfehden und der Völkermord – die Stereotype des «Pulverfasses» Balkan – das Bild bestimmen, sondern versöhnlichere Aspekte eines Zusammenlebens der Sprachen, Kulturen und Völker wieder mehr in den Vordergrund treten müssen.

Es wäre sicher ungerecht und unangemessen, falsche Maßstäbe anzulegen und die kulturelle Leistungsfähigkeit der bäuerlichen Balkangesellschaften, die seit der osmanischen Eroberung ihrer bisherigen Führungsschichten beraubt waren, an den Standards entwickelter Hochkulturen zu messen. Die weitreichenden Folgen der andauernden Entwicklungshemmnisse müssen in angemessener Weise berücksichtigt werden. Während der Türkenherrschaft ist eine Teilnahme der christlichen Balkanvölker am gesamteuropäischen intellektuellen Diskurs erschwert, aber nie ganz unterbunden worden. Die europäischen Fürstenhöfe und Bildungseinrichtungen profitierten vom Exodus griechischer Gelehrter nach dem Fall Konstantinopels, die wertvolle Handschriften und sprachliche Fertigkeiten mitbrachten und eine fruchtbare Auseinandersetzung mit der schriftlichen Hinterlassenschaft der klassischen Antike anregten. Orthodoxe Theologen kamen in der Folgezeit mit den reformatorischen Lehren in engere Berührung und verloren trotz der bestehenden Differenzpunkte zwischen den Kirchenleitungen den Kontakt zur römischen Kirche nicht. Am Griechischen Kolleg St. Athanasios in Rom, das Papst Gregor XIII. 1577 zur Förderung des Unionsgedankens gegründet hatte, sind nicht wenige renommierte orthodoxe Theologen ausgebildet worden. Eine nicht unwesentliche ost-westliche Vermittlerrolle spielten die griechischen und aromunischen Zwischenhändler, die in einer weitverstreuten Diaspora von Odessa bis Marseille und

Amsterdam Handelsniederlassungen gründeten und als Mäzene bei kulturellen Einrichtungen und Aktivitäten auftraten. Der griechische Buchdruck verlagerte sich in die griechische Kolonie nach Venedig, und die Universität Padua entwickelte sich zum bevorzugten Studienort vornehmlich der Inselgriechen im venezianischen Machtbereich. Im 18. Jahrhundert regten griechischstämmige Hospodare in den Donaufürstentümern während der sog. Phanariotenherrschaft (1710–1821) durch Gründung von Schulen, Akademien, Bibliotheken und Druckereien eine umfassende Bildungsinitiative an. Sie begründeten die Vorrangstellung der griechischen Sprache im höheren Schulwesen der Donaufürstentümer und beförderten die Rezeption aufklärerischer Gedankengutes und westlicher Reformideen.

Über zwei Jahrtausende der Ost-West-Begegnungen im Wechselspiel von Konfrontation und Kooperation, von Annäherung und Abgrenzung haben auf der Balkanhalbinsel tiefe Spuren hinterlassen. Die Schlagworte der Gräzisierung bzw. Romanisierung, der Slawisierung, der Islamisierung bzw. Türkisierung sowie der Germanisierung, Magyarisierung und Italianisierung im Donau- und Adriaraum beschreiben Sachverhalte machtpolitischer Einflußnahmen. Sie verweisen gleichzeitig aber auch auf eine Abfolge wechselnder kultureller Überschichtungen, denen die Völker Südosteuropas mit unterschiedlicher Intensität in den einzelnen Regionen der Balkanhalbinsel im Laufe der Jahrhunderte ausgesetzt waren. Aus dieser Mischung westlicher und östlicher, byzantinischer und abendländischer, orientalischer und europäischer Elemente hat sich die spezifische Eigenart einer faszinierenden Kultursynthese geformt, die zu allen Zeiten Balkanreisende in ihren Bann gezogen hat.

Nicht zufällig finden sich in der UNESCO-Liste des Weltkulturerbes auf dem Boden Südosteuropas neben den zahlreichen berühmten Denkmälern der klassischen Antike bevorzugt jene typischen Ensembles alter historischer Stadtkerne verzeichnet, an denen sich noch sehr augenfällig die Spuren wechselnder kultureller Einflüsse erkennen lassen. Versteinerte Artefakte einer die Jahrhunderte überspannenden kulturellen Symbiose sind u. a. die Stadtanlagen an der Adriaküste. Im albanischen

Butrint spiegelt sich noch heute in der sichtbaren Abfolge römischer, byzantinischer, venezianischer, osmanisch-türkischer und albanischer Kulturelemente der ganze Mikrokosmos der mediterranen Geschichte wider. Vergleichbares Anschauungsmaterial bieten die ebenfalls in der UNESCO-Liste verzeichneten adriatischen Küstenstädte Kotor in der Boka Kotorska, Dubrovnik (Ragusa), Split mit dem Diocletianspalast, Trogir, Šibenik oder Poreč an der Westküste Istriens.

Der Kulturhistoriker wird in der Generationenfolge sehr unterschiedlich ausgeprägte Architekturformen und städtebauliche Raumstrukturen erkennen. In ihnen finden sich bodenständige Adaptionen und Rezeptionsleistungen einheimischer Bauleute ebenso wie die Auswirkungen der von dem Kulturanthropologen Jovan Cvijić apostrophierten «metanastasischen» Migrationsvorgänge und die Folgen innergesellschaftlicher Umbrüche und Interferenzen auf der Balkanhalbinsel. In der lokalen Perspektive werden die starren Grenzen einer immer wieder bemühten Kulturkreislehre durchlässig, und die vielfältigen symbiotischen Verbindungen und Grenzüberschreitungen finden wieder die gebührende Beachtung. Für diesen Sachverhalt haben Reiseschriftsteller des 19. Jahrhunderts einprägsame Formulierungen gefunden. Hermann von Pückler-Muskau (1785–1871) erlebte das ottonische Athen noch als Schauplatz einer aufsummierten Vergangenheit. «Ein Viertel antik, ein anderes türkisch, eins neugriechisch und das letzte baierisch; tausendjährige und heutige Ruinen durcheinander gemengt, daneben nagelneue, grüne, gelbe und weisse Häuser, im Geschmack der Nürnberger Spielsachen aufgeführt; alte abgebrochene Strassen im grässlichsten Chaos; breite, abgewinckelte neue, die aber in Ermangelung der Häuser meistens nur durch Planken bezeichnet sind, überdies voller Unrat liegen und oft in der Mitte noch einen tief aufgeworfenen, übel dunstenden Graben haben.» Die Reiseschriftstellerin Ida von Düringsfeld (1815–1876) faßte in ihrem dreibändigen Werk über Dalmatien, das 1857 in Prag gedruckt wurde, ihre 18-monatigen Reiseeindrücke in folgendem Satz zusammen: «Zara ist die Stadt der Gegenwart, Ragusa die Stadt der Vergangenheit, Spalato die

Stadt der Zukunft. Zara ist am meisten deutsch, Spalato am meisten italienisch, Ragusa am meisten slawisch».

Angesichts der vielfältigen Interferenzen in der Kulturwelt der Balkanvölker ist es sachdienlicher, die fortbestehenden interethnischen Kontakte wichtiger zu nehmen als die Abgrenzungsbemühungen, die nationalstaatliche Absonderungen und ethno-nationale Ideologien der einzelstaatlichen Kulturpolitik in der Neuzeit verordnet haben. Besondere Aufmerksamkeit verdienen die wechselnden regionalen Identitäten, die sich beim Zerfall der großen Verwaltungseinheiten alter Staaten (Byzanz, Serbien, Bulgarien) herausgebildet haben. Sie haben sich in den ethnischen und konfessionellen Mischgebieten zwischen den von der griechisch-byzantinischen Orthodoxie geprägten Kulturräumen und dem Einflußbereich der römischen Kirche und der westlichen Kultur in breiten «Symbiosezonen» verdichtet. Die Bukowina und Siebenbürgen, die südungarischen Gebiete der späteren Vojvodina, die ehemalige Militärgrenze in der kroatischen Krajina und in Slawonien, Istrien und die dalmatinische Küstenzone, Bosnien und Herzegowina und das Territorium des albanischen Staates bieten ein weites Feld für komparatistische interkulturelle und interethnische Studien. In der bosnisch-herzegowinischen Hauptstadt Sarajevo ist im inneren Stadtkern auf engstem Raum dieses fruchtbare Neben- und Miteinander der Kulturen und Konfessionen in markanten Baulichkeiten der muslimischen, orthodoxen, katholischen und jüdischen Gemeinden eindrucksvoll dokumentiert.

Die Kunstdenkmäler in den Balkanländern bieten ein reichhaltiges Anschauungsmaterial für ost-westliche Stilmischungen und Überlagerungen. Im mittelalterlichen Serbien haben die aus Byzanz übernommenen kirchlichen und kulturellen Traditionen westliche Einflüsse, die über das adriatische Küstenland vermittelt wurden, nie ganz verdrängen können. Über dynastische Verbindungen sind die Herrscher der Nemanjidendynastie mit westkirchlichen Traditionen in engere Berührung gekommen. Stefan der Erstgekrönte hatte die Venezianerin Anna Dandolo, eine Enkelin des mächtigen Dogen Enrico Dandolo, zur Frau gewählt und sein Sohn, König Uroš I. (1243–1276), die Anjou-

Prinzessin Helena geheiratet. Seine beiden Enkel Dragutin und König Stefan Uroš II. Milutin (1282–1321) waren mit ungarischen Prinzessinnen vermählt. In den königlichen Klosterstiftungen und Kirchenbauten der sog. Raška-Schule, u. a. in der Muttergotteskirche von Studenica (1183–1196), der königlichen Grablege, oder in dem ersten erzbischöflichen Zentrum in Žiča bei Kraljevo, in Sopoćani, in der Klosterkirche Gračanica (1316–1321) bei Priština, in Peć/Ipek und in Dečani (1327–1325) sind Anleihen romanischer Architekturformen unverkennbar. In der sakralen Architektur der sog. Morava-Schule vom Ende des 14. Jahrhunderts, unmittelbar vor der osmanischen Eroberung, hat man u. a. an der dekorativen Gestaltung der Außenwände mit Basrelief-Ornamentik Einflüsse der gotischen Bauskulptur vermutet. Sie ist im Moravatal durch beeindruckende Baudenkmäler in Ravanica (1376), in Lazarica, im Kloster Manasija in Resava (1407–1418), in Kruševac (um 1380), in Kalenić (1413–1417) und in Ljubostinja, einer Stiftung der Fürstin Milica, der Gemahlin des Fürsten Lazar Hrebeljanović (um 1371–1389), vertreten.

Zeugnisse lokaler Adaptionen byzantinischer und gotischer Kunsttraditionen haben sich in den Kirchen- und Klosterbauten des 14. und 15. Jahrhunderts in den Donaufürstentümern erhalten. Dazu zählen neben Vodița im Severiner Banat vor allem die imposanten moldauischen Klosterkomplexe Neamț und Putna, die Grablege Stefans des Großen, des Gründers und Auftraggebers zahlreicher Kirchenbauten. Es handelt sich durchweg um fürstliche Stiftungen, die teilweise mit aufwendigen Wandmalereien ausgestattet wurden. Zu den kunstgeschichtlichen Besonderheiten der nordmoldauischen Klöster zählen die imposanten Freskenmalereien an den Außenwänden u. a. an der St. Georgs-Kirche in Suceava (1522, 1534/35), an den Klosterkirchen von Probota (1530), Humor (1535), Moldovița (1537), Arbore (1541), Voroneț, dem «Schmuckstück der Bukowina» (gegründet 1488, Außenbemalung um 1547), und Sucevița (1596–1601). In der walachischen Sakralarchitektur Ende des 17. Jahrhunderts (Klosterkirchen von Govora und Horezu/Hurez, Schloßkirche Mogoșoaia) und in den Motiven der heimischen Goldschmiedekunst und der kunstvollen Stickereien, die am Hofe des walachischen Fürsten Constantin Brîncoveanu (1654–1714) gefertigt wurden, flossen Stilelemente des byzantinischen Kaiserhofes, des Orients, Italiens (Venedigs) und des europäischen Barock mit den überkommenen autochthonen Formen zu einer neuen Synthese zusammen (sog. Brîncoveanu-Stil). Das Nachleben der griechischen Kulturtraditionen des byzantinischen Kaiserhofes in den Donaufürstentümern hat der große rumänische Historiker Nicolae Iorga in einer bahnbrechenden Studie «Byzance après Byzance» eingehend gewürdigt.

Zu einem bevorzugten Ort ost-westlicher Begegnungen entwickelte sich in der frühen Neuzeit Siebenbürgen. Aus einem Vorposten der ungarischen Grenzverteidigung gegen die allgegenwärtige Türkengefahr verwandelte es sich nach der Niederlage des ungarischen Königs bei Mohács 1526 zu einer Pufferzone zwischen den Machtblöcken. Über die enge Anbindung an Ungarn hatte man schon bisher an den künstlerischen und kulturellen Entwicklungen in Mitteleuropa und Italien partizipieren können. Die Bettelorden verhalfen mit dreischiffigen großen Hallenkirchen im Sakralbau der Hochgotik zum Durchbruch. Im burgenländischen Kronstadt steht der östlichste gotische Dom Europas, die seit dem Stadtbrand von 1689 sog. Schwarze Kirche (vollendet 1477). Als eine der gefährdeten Grenzlage angepaßte Fortentwicklung des Kirchenbaus erweiterten deutsche Siedler (die sog. Sachsen) im 15.–16. Jahrhundert ihre Pfarreien zu wehrhaften Verteidigungskomplexen. Die spätgotische Kirchenburg von Birthälm (rumän. Biertan, ungar. Berethalom), vom 16. bis ins 19. Jahrhundert Bischofssitz der deutschen evangelischen Kirche in Siebenbürgen, ist heute in der UNESCO-Liste des Weltkulturerbes verzeichnet. Die großen Zeitströmungen von Humanismus, Renaissance und Barock fanden in Siebenbürgen ebenso Eingang wie die reformatorischen Lehrmeinungen. Die multikonfessionelle Ausrichtung der Landesbewohner zwang die Fürsten zu einer für die damalige Zeit ungewöhnlichen Toleranzpolitik. Neben den vier «anerkannten» Konfessionen (Kalvinisten, Lutheranern, Katholiken und Unitariern/Antitrinitariern) wurde die seelsorgerische Betreuung der mehrheitlich rumänischen Bauern durch die orthodoxe Kirche geduldet. Das konkurrierende Nebeneinander der Glaubensbekenntnisse verhalf der jüngsten kulturvermittelnden Errungenschaft der Reformationszeit, dem Buchdruck und der Volkssprache, in Siebenbürgen und im Donauraum zu einem raschen Durchbruch. Zum Wittenberger Kreis um Martin Luther und Philipp Melanchthon gehörten der «ungarische Luther» Mátyás Biró Dévai († um 1547), der 1537 in Ujsziget eine Druckerei für magyarischen Schul- und Religionsbücher einrichtete und zum maßgeblichen Vermittler des Kalvinismus nach Ungarn wurde, sowie der Kroate Matthias Flacius Illyricus (Matija Ilirik Vlačić, 1520–1575), der Begründer der protestantischen Hermeneutik und Kirchengeschichtsschreibung (Herausgeber der sog. Magdeburger Centurionen). Der Klausenburger Ferenc Dávid (1510–1579) wandelte sich in seiner konfliktreichen kirchlich-theologischen Entwicklung vom katholischen Priester zum reformierten Bischof und schließlich zum Begründer des Unitarismus in seiner siebenbürgischen Heimat und bereicherte in seinen zahlreichen Streitschriften die Ausdrucksfähigkeit der ungarischen Sprache. Der Slowene Primus Truber (Primož Trubar, 1508–1586) und die Kroaten Antun Dalmatin und Stjepan Konzul übersetzten das reformatorische Schrifttum in die Sprache ihrer Landsleute und besorgten die ersten Druckausgaben. Einen großzügigen Förderer ihrer Arbeit fanden sie in dem österreichischen Magnaten Hans Ungnad von Weißenwolf, Freiherr von Sonnegg (1493–1564), der sich der Reformation zugewandt hatte und im ehemaligen Amandastift (Mönchshof) in Urach eine erste Druckerei für den südslawischen Buchdruck gründete (Uracher Bibelanstalt). Über die siebenbürgischen Lutheraner und Kalvinisten partizipierten auch die orthodoxen Rumänen an den umwälzenden Neuerungen des Reformationszeitalters. In Hermannstadt (Sibiu) und in Kronstadt (Brașov) entstand «ein Knotenpunkt zwischen orthodoxer und reformierter Drucktradition» (M. D. Peyfuss). Unter dem Fürsten Constantin Brîncoveanu wurde von der Walachei aus die Kunst des Buchdrucks und die dazugehörende Druckausrüstung in den mittleren Osten nach Syrien und Georgien weitergegeben.

Die Nähe zu Italien und die wirtschaftliche Anbindung an den venezianischen Handel im östlichen Mittelmeerraum hat in der ganzen Adriazone eine Kulturregion eigener Prägung entstehen lassen. In den mittelalterlichen Kirchenbauten auf albanischem Boden und in den dalmatinischen Küstenstädten trafen byzantinische und romanisch-gotische Stilformen zusammen. Einheimische Fachkräfte wie der Baumeister und Bildhauer Juraj Dalmatinac († 1473) zeigten u. a. am Bau der Kathedralen in Split und Šibenik, daß sie venezianisch-spätgotische Elemente mit den neuen Stilformen der Renaissance zu verbinden verstanden. Der griechische Maler Dominikos Theotokopulos (1541–1614), bekannter unter seinem Herkunftsnamen «der Grieche», El Greco, erlangte in seiner spanischen Wahlheimat Weltruhm. In der ragusanischen Dichtung des 16. und 17. Jahrhunderts sind alle Spielarten der italienischen Renaissanceliteratur (u. a. Džore Držić, † 1501, und Marin Držić, † 1567) und des Barock (Ivan Gundulić, † 1638) repräsentativ vertreten. Dalmatinische Philosophen und Naturwissenschaftler lehrten an westeuropäischen Universitäten, und ausländische Herrscher vergaben anspruchsvolle Aufträge an Künstler aus den Adriastädten. Am Hofe des Matthias Corvinus (1458–1490) versammelten sich die angesehensten Geister der Zeit. Die vielgerühmte Bibliothek des Ungarnkönigs, die Bibliotheca Corviniana (Corvina), wurde zu einer der reichdotiertesten Sammelstellen des zeitgenössischen gelehrten Schrifttums der Renaissance.

Ein nicht zu übersehender Teil des Kulturerbes auf der Balkanhalbinsel ist auch die künstlerische Hinterlassenschaft der osmanischen Periode. Obwohl der religiöse Gegensatz und die Standesunterschiede zwischen Muslimen und christlichen Untertanen einer engeren Symbiose Grenzen setzten, hat der Sultanshof als Ort orientalischer Prachtentfaltung und muslimischer Gelehrsamkeit zwangsläufig eine kulturelle Ausstrahlung entfaltet. Als Pflegestätte der Musik hat er neue Impulse gegeben und stilbildend gewirkt. Über die Janitscharentruppen fanden Anklänge an die türkische Militärmusik in ganz Europa Verbreitung. Mit ihrem reichhaltigen Schlagzeuginstrumentarium sind sie bis in die europäische Kunstmusik vorgedrungen. Die eigenständige Schattenspieltradition (Karagöz-Spiel mit Handpuppen), die im Osmanischen Reich entwickelt wurde, hat in ihren Adaptionen als Puppentheater die mitteleuropäischen Jahrmärkte erobert. Am augenfälligsten sind die Nachwirkungen der Türkenherrschaft im Alltagsleben der Balkanvölker, in ihrer Sprache und ihrer Küche, in ihrer Kleidung, in den gesellschaftlichen Umgangsformen und Verhaltensweisen, teilweise sogar in synkretistischen religiösen Gebräuchen und vor allem in den Stadtanlagen und in den Bauformen zu sehen. Die osmanischen Eroberer brachten aus dem seldschukischen Kleinasien völlig neue Bautypen mit (Moscheen, Medresen, Karawansereien, Bäder), für die in den lokalen Bau- und Handwerkstraditionen die Vorbilder fehlten. In den Zentren muslimischer Ansiedlungen haben die hoch aufragenden Minarette der Moscheen neue Fixpunkte in den Stadtsilhouetten gesetzt. Die muslimischen Viertel und die geschäftigen Basare werden auch heute noch von den auswärtigen Besuchern als Wahrzeichen einer typischen Balkanstadt empfunden. Im balkanischen Umfeld fehlt der Nährboden für eine Militarisierung und terroristische Entartung der islamischen Idee.

Für das gebildete Europa der Goethe-Zeit war die literarische Entdeckung des Balkans ein herausragendes gesellschaftliches Ereignis. Die romantische Begeisterung für die Stimme der Völker in ihren Liedern, die Johann Gottfried Herder geweckt hatte, lenkte die Aufmerksamkeit Johann Wolfgang von Goethes und der Brüder Grimm auf die südslawische Volksdichtung, deren mündlich überlieferte Zeugnisse der serbische Sprachforscher und Volkskundler Stefanović Vuk Karadžić (1787–1864) in seinen Sammlungen der Volkslieder, Sprichwörter und Volkserzählungen zugänglich machte. Dem Bericht des italienischen Reiseschriftstellers Alberto Fortis über seine Dalmatienreise (Viaggio in Dalmazia, Venedig 1774) entnahm Goethe die Übersetzung des Volksliedes «Hasaganica», das ihm als Vorlage für seinen «Klagesang von der edlen Frauen des Asan Aga» diente. Mit dem serbischen Volkslied und Heldenepos ist das deutschen Lesepublikum vor allem durch die aus Halle stammende deutsche Schriftstellerin Therese Albertine Luise von Jakob-Robinson (1797–1870), genannt Talvj, enger vertraut gemacht geworden.

Für die historische Kulturbeziehungsforschung ist die Balkanhalbinsel auch heute noch von einem besonderen Interesse. Als eines der typischen peripheren Verharrungsgebiete am Rande Europas ist sie noch nicht vollständig im Sog der nivellierenden Modernisierungs- und Europäisierungswellen überformt worden. In vielen Bereichen haben sich noch die traditionellen Lebensgewohnheiten erhalten. Zwar sind die Bewohner selbst mit der Hinterlassenschaft vergangener Generationen nicht immer sehr sorgsam umgegangen. In Teilregionen der Balkanhalbinsel ist der osmanische Baubestand durch Nachlässigkeit oder wie in Griechenland durch eine ethnopolitisch motivierte Vernichtungswut weitgehend eliminiert worden. Dennoch zeigt sich die Balkanhalbinsel auch dem heutigen Besucher immer noch als ein erstaunlich reich ausgestattetes Museum der Geschichte, das es vor weiteren willkürlichen Eingriffen zu schützen und in seiner Substanz zu erhalten gilt. Die Vorkämpfer eines fanatischen Ethno-Nationalismus, die sich im 19. und 20. Jahrhundert mit Eifer der Bereinigung ihres Territoriums von Relikten fremder Einwirkungen verschrieben, haben nicht nur die Zerstörungen unschätzbarer Kulturdenkmäler zu verantworten. Sie veranlaßten auch völlig überzogene sprachpuristische Eingriffe, die das eigene Idiom von fremder Lexik und Entlehnungen befreien sollten. Durch flächenweise Umbenennungen der Ortsnamen sind Erinnerungen an eine unliebsame Vergangenheit ausgelöscht worden.

Den barbarischen Umgang mit der eigenen Geschichte demonstrierten während des Bosnienkrieges vor den Augen der Weltöffentlichkeit die serbischen Belagerer Sarajevos, die eine der zentralen Sammelstellen orientalischer Handschriften und Buchbestände in Südosteuropa, die Gazi-Husrev-Beg-Bibliothek, in Flammen aufgehen ließen, und jene kroatische Einheit, die am 9. November 1993 mit gezieltem Geschützfeuer die alte Brücke (Stari most) über die Neretva in Mostar zum Einsturz brachte. Das vielbewunderte Bauwerk aus osmanischer Zeit, das der Architekt Mimar Hayreddin in neunjähriger Bauzeit 1557–1566 vollendet hatte, war ein sichtbares Zeichen der bosnischen multikulturellen und multikonfessionellen Vergangenheit und das steinerne Monument einer gemeinsamen Geschichte. Der von der Weltbank und der UNO initiierten originalgetreuen Rekonstruktion des Bauwerks kommt daher eine herausragende symbolische Bedeutung zu. Es ist ein neuerlicher Versuch des Brückenschlags zwischen Katholiken, Orthodoxen, Muslimen und Juden im kriegszerstörten Mostar, die jahrhundertelang auf beiden Seiten der Neretva auf engstem Raume ein gedeihliches Zusammenleben praktizierten. Die Bewohner müssen heute nach den traumatischen Kriegeserfahrungen wieder mühsam lernen, diese Erinnerung an eine sicher nicht konfliktfreie multikonfessionelle Vergangenheit als ein verpflichtendes Erbe anzunehmen und zum gemeinsamen Nutzen eine einzigartige europäische Kulturlandschaft der Nachwelt zu erhalten.

Zeittafel

229–228 v. Chr.	1. illyrischer Krieg der Römer
148 v. Chr.	Macedonia römische Provinz
33 v. Chr.	Pannonia römische Provinz
271 n. Chr.	Die Römer räumen die Provinz Dacia und ziehen sich an die Donaugrenze zurück.
375 n. Chr.	Hunneninvasion im Donauraum, Beginn der sog. Völkerwanderung
324	Grundsteinlegung Konstantinopels
395	Reichsteilung des Kaisers Theodosios
6. Jhd.	Slawische Landnahme auf der Balkanhalbinsel
681–1018	Erstes Bulgarisches Reich
830–894	Großmährisches Reich
863	Mission der Slawenlehrer Kyrillos und Methodios im Großmährischen Reich
864 ca.	Taufe des Bulgarenchans Boris
894–896	Ungarische Landnahme in der pannonischen Ebene
976–1014	Westbulgarisches Reich unter Samuil
1000	Venedig erobert die dalmatinische Küste.
1000	Königskrönung Stephans I. von Ungarn
1185–1393/96	Zweites Bulgarisches Reich
1224	Privilegium Andreanum zugunsten der Siebenbürger Sachsen
1241/41	Mongoleneinfall im Donauraum
1346	Der Serbenkönig Stefan IV. Dušan († 1355) läßt sich zum Kaiser der Serben und Griechen ausrufen.
1389	Schlacht auf dem Amselfeld/Kosovo Polje
1453, 29.5.	Eroberung Konstantinopels durch Mehmed II.
1468	Tod des albanischen Freiheitshelden Skanderbeg
1526, 29.8.	Niederlage und Tod des ungarischen Königs bei Mohács, die Jagiellonendynastie stirbt im Mannesstamm aus.
1541	Dreiteilung Ungarns zwischen dem Sultan, dem Kaiser in Wien und dem autonomen Fürstentum Siebenbürgen
1571, 7.10.	Seeschlacht von Lepanto
1645–1669	25jähriger venezianisch-türkischer Krieg um Kreta
1683, 14.7.–12.9.	Zweite Türkenbelagerung Wiens
1699	Friede von Karlowitz
1468–1774	Türkenkrieg Katharinas II.
1711–1821	Phanariotenherrschaft in den Donaufürstentümern

Zeittafel

1797	Untergang der San Marco-Republik Venedig
1804–1813	Erster serbischer Aufstand
1821–1829	Griechischer Freiheitskampf
1827, 20.10.	Seeschlacht von Navarino
1830	Autonomie des serbisches Fürstentums
1832, 8. August	Der Wittelsbacher Otto wird zum König von Griechenland gewählt.
1839/1856–1876	Reformperiode im Osmanischen Reich (Tanzimat-Periode)
1853–1856	Krimkrieg
1861/62	Vereinigung der Donaufürstentümer Moldau und Walachei zu Rumänien
1875–1878	Große Orientkrise
1878, 1./13.7.	Berliner Vertrag
1903	Ilinden-Aufstand in Mazedonien
1908	Jungtürkische Revolution
1912/1913	Erster und Zweiter Balkankrieg
1912	Albanisches Fürstentum unter Wilhelm zu Wied
1914, 15./28.6.	Attentat von Sarajevo
1919/1920	Pariser Vorortverträge
1934, 9.2.	Balkanpakt zwischen Jugoslawien, Griechenland, Rumänien und der Türkei
1941, 6.4.	Beginn des Balkanfeldzugs Hitlers
1942, 26.11.	Konstituierung des Antifaschistischen Volksbefreiungsrates Jugoslawiens (AVNOJ) unter Tito in Bihać
1947, 10.2.	Pariser Friedensverträge mit Rumänien, Italien, Ungarn, Bulgarien und Finnland
1947, 12.3.	Proklamation der sog. Truman-Doktrin
1948, 28.6.	Kominform-Resolution gegen Titos Jugoslawien
1949, 25.1.	Gründung des Rates für gegenseitige Wirtschaftshilfe (COMECON)
1955, 14.5.	Gründung des Verteidigungsbündnisses der sozialistischen Staaten (sog. Warschauer Pakt)
1956	Ungarn-Aufstand
1980, 4.5.	Tod Titos
1985	Tod Enver Hoxhas
1991, 8.10.	Unabhängigkeit Sloweniens und Kroatiens
1989, 11.9.	Ungarn öffnet die Grenze zu Österreich für DDR-Flüchtlinge
1991–1995	Bosnien-Krieg
1995, 21.11.	Dayton-Abkommen
1998/99	Kosovo-Krise
2000, 6.10.	Ende der Ära Milošević
2001, 13.8.	Friedensabkommen von Ohrid mit den Albanern in Makedonien

2003, 13.3.	Ermordung des serbischen Ministerpräsidenten Dr. Zoran Djindjić
2003, 21.6.	Westbalkan-Gipfel in Thessaloniki stellt den Balkanstaaten eine europäische Perspektive in Aussicht.
2004, 1.5.	EU-Beitritt Ungarns und Sloweniens

Südosteuropa im Internet

Die folgende Zusammenstellung verweist vornehmlich auf Homepages von Forschungseinrichtungen und Verbänden, die weiterführende Links zu Geschichte und Gegenwart Südosteuropas anbieten.

http://www.vifaost.de Virtuelle Fachbibliothek Osteuropa im ViFaNet. Portal zur Osteuropaforschung (Geschichte, Politik, Gesellschaft, Sprache, Literatur, Kunst und Kultur), Kooperationsunternehmen der Ludwig-Maximilians-Universität München (Abt. für Geschichte Ost- und Südosteuropas), der Bayerischen Staatsbibliothek in München, des Osteuropa-Instituts in München und des Herder-Instituts in Marburg

http://www.osteuropa-netzwerk.de Integrierter Zugang zu Sammlungen von Internetquellen des deutschsprachigen Raumes – Linksammlungen eines informellen Verbundes von Dienstleistern und Informationsanbietern zu Ostmittel- und Osteuropa und zur Ost-West-Vernetzung

http://www.slavophilia.com Slavophilia, Ohio – Slavic & Eastern European Ressources

http://www.suedosteuropa-gesellschaft.com/ Homepage der Südosteuropa-Gesellschaft, München

http://www.geschichte.uni-freiburg.de/voh/ Forum für Osteuropäische Geschichte. Internet-Newsletter für den Verband der Osteuropahistorikerinnen und -historiker (VOH)

http://osteuropa.dgo-online.org/frame.html/ Zeitschrift «Osteuropa» und Otto Wolff-Datenbank der Deutschen Gesellschaft für Osteuropakunde, Berlin (DGO)

http://www.rferl.org/reports/balkan-report/ A Weekly Review of Politics, Media, and Radio Free Europe/Radio Liberty Broadcasts in the Western Balkans

http://www.rferl.org/southslavic/ Radio Free Europe/Radio Liberty South Slavic Service. Selected Programs from RFE/RL's South Slavic Service, in English Translation

http://www.odci.gov/cia/publications/factbook/country.htm CIA Factbooks zu den Ländern der Welt

http://www.theodora.com/wfb/ World Factbook der Information Technology Associates (gegr. 1994) auf der Grundlage u. a. von CIA World Factbook, UN Statistical Office und Library of Congress Country Studies

http://lcweb2.loc.gov/frd/cs/cshome.html Library of Congress – Country Studies

http://www.fiv-iblk.de World Affairs Online und European Information Network on International Relations and Area Studies (EINIRAS). Die

Datenbasis des Informatiosverbundes «Internationale Beziehungen und Länderkunde»

http://www.osteuropa.ch Schweizer Infopool (ehemals «Interslavica»). Informationsplattform zu den Staaten, Ländern und Regionen Mittel-, Südost- und Osteuropas, zum Baltikum, zu Rußland und zur GUS. Schwerpunkte sind: Länder-Linksammlungen, Schweizer-Osteuropa-Agenda und eine Bücherpromotion

www.southeasteurope.org Southeast Europe Online (SEE Online), ein Balkan-Portal mit Zentrum in Sofia, das den Auftrag hat, ein virtuelles Netzwerk für nichtstaatliche Organisationen (NGO) aufzubauen und alle relevanten Informationen zu den Staaten Südosteuropas bereitzustellen

http://www.ucis.pitt.edu/crees/ Center for Russian and East European Studies, University of Pittsburgh (REESWeb)

http://src-home.slav.hokudai.ac.jp/index-e.html Hokkaido University, Japan, The Slavic Research Center – Central and Eastern Europe/Internet Ressources

http://reenic.utexas.edu/reenic/index.html Russia and East European Network Information Center, University of Texas at Austin

www.gesis.org/GESIS_Aussenstelle/index.htm Zentrale Aufgaben der Berliner «Servicestelle Osteuropa» der Gesellschaft Sozialwissenschaftlicher Infrastruktureinrichtungen e. V. (GESIS) sind die sozialwissenschaftliche Informations- und Datenvermittlung zwischen Ost- und Westeuropa sowie die Förderung von Ost-West-Kooperationen und die Unterstützung der komparativen Forschung

http://www.library.uiuc.edu/absees The American Bibliography of Slavic and East European Studies (ABSEES)

http://www.fas.harvard.edu/~aaass American Association for the Advancement of Slavic Studies (AAASS)

http://www.fordham.edu/halsall Internet History Sourcebooks Projekt, zusammengestellt von Paul Halsall, an der Fordham University. Umfassende Nachweise zu den Internetressourcen für alle Geschichtsepochen mit speziellen Links zur byzantinischen, islamischen und jüdischen Geschichte

http://www.netserf.org/ The Internet Connection for Medieval Ressources

http://www.theologic.com/links/ Orthodox WorldLinks – Guide to Orthodox Christianity on the Internet

http://www.cap.uni-muenchen.de Centrum für angewandte Politikforschung (CAP), München

http://www.idm.at/ Homepage des Instituts für Donauraum und Mitteleuropa, Wien

http://www.ungarisches-institut.de Homepage des Ungarischen Instituts, München

http://europa.eu.int/comm/enlargement/overview.htm Informationen zum EU-Erweiterungsprozeß, u. a. die jährlichen «Regular reports» über die Fortschritte der Beitrittskandidaten

http://www.ssees.ac.uk/dirctory.htm Homepage der School of Slavonic and East European Studies, University College London. Directory of Internet Resources on Central and Eastern Europe and Russia

http://www.albanien.ch/ Schweizerische Informations- und Koordinationsstelle für Albanien. Homepage der Zeitschrift *newsletter* Albanien
http://knowledgenet.tol.cz/ TOL – Transitions online, seit 1999 online-Fortsetzung der Zeitschrift «Transitions» des Open Media Research Institute (OMRI), Prag. Berichterstattung und aktuelle Informationen über die Transformationsländer Ost- und Südosteuropas.
http://www.unhcr.ba/ UNHCR – UN Refugee Agency. Representation in Bosnia and Herzegovina
http//www.nato.int/sfor/ Homepage der Stabilisation Force in Bosnien-Herzegowina
http//www.nato.int/kfor/welcome.html Homepage der Kosovo Force
http//www.unmikonline.org/ Homepage der United Nations Interim Administration Mission in Kosovo

Literatur

Lexikon zur Geschichte Südosteuropas. Herausgegeben von Edgar Hösch, Karl Nehring, Holm Sundhaussen. Wien u. a. 2004 (= UTB).
Anderson, M. S.: The Eastern Question, 1774–1923. A Study in International Relations. London, New York 1966.
Augustinos, Gerasimos (Hg.): Diverse Paths to Modernity in Southeastern Europe. Essays in National Development. New York u. a. 1991 (= Contributions to the Study of World History 20).
Autoritäre Regime in Ostmitteleuropa 1919–1995. Hgg. Erwin Oberländer u. a. Mainz 1995.
Berend, Ivan T., and Ránki, György: The European periphery and industrialization 1780–1914. Budapest 1982.
Berend, Ivan T.: History Derailed. Central and Eastern Europe in the Long Nineteenth Century. Berkeley, Los Angeles, London 2003.
Bernath, Mathias (Hrsg.): Biographisches Lexikon zur Geschichte Südosteuropas. 4 Bände. München 1974–1981.
Bideleux, Robert, and Jeffries, Ian: A History of Eastern Europe. Crisis and Change. London, New York 1998.
Brown, L. Carl (ed.): Imperial Legacy. The Ottoman Imprint on the Balkans and the Middle East. New York 1996.
Carter, F. W., and Norris, H. T. (eds.): The Changing Shape of the Balkans. Boulder, Oxford 1996.
Castellan, Georges: History of the Balkans From Mohammed the Conqueror to Stalin. Boulder 1992 (= East European Monographs 325).
Chirot, Daniel (ed.): The Origins of Backwardness in Eastern Europe. Economics and Politics from the Middle Ages until the Early Twentieth Century. Berkeley u. a. 1989.
Die Auflösung des Habsburgerreiches. Zusammenbruch und Neuorientierung im Donauraum. Hgg. Richard G. Plaschka, Karlheinz Mack. München 1970 (= Schriftenreihe des Österreichischen Ost- und Südost-Instituts 3).
Die Habsburgermonarchie 1848–1918. 6 Bde. Hrsg. Adam Wandruszka, Peter Urbanitsch. Wien 1973–1993.
Die Staaten Südosteuropas und die Osmanen. Hg. Hans Georg Majer. München 1989 (= Südosteuropa-Jahrbuch 19).
Faroqhi, Suraiya: Kultur und Alltag im Osmanischen Reich. Vom Mittelalter bis zum Anfang des 20. Jahrhunderts. München 1995.
Fine, John V. A.: The Early Medieval Balkans. A Critical Survey from Sixth to the Late Twelfth Century. Ann Arbor/Mi. 1983.

Fine, John V. A.: The Late Medieval Balkans. A Critical Survey from the Twelfth Century to the Ottoman Conquest. Ann Arbor/Mi. 1987.

Gleeny, Misha: The Balkans 1804–1999. Nationalism, War and the Great Powers. London 1999.

Gross, Hermann: Südosteuropa. Bau und Entwicklung der Wirtschaft. Leipzig 1937.

Grothusen, Klaus-Detlev (Hg.): Südosteuropa-Handbuch. 7 Bände Göttingen 1975–1998.

Halecki, Oskar: Grenzraum des Abendlandes. Eine Geschichte Ostmitteleuropas. Salzburg 1956.

Halecki, Oskar: Europa. Grenzen und Gliederung seiner Geschichte. Darmstadt 1957.

Hellmann, Manfred: Grundzüge der Geschichte Venedigs. Darmstadt ³1989 (= Wissenschaftliche Buchgesellschaft, Grundzüge Band 28).

Huntington, Samuel P.: Der Kampf der Kulturen. The Clash of Civilizations. Die Neugestaltung der Weltpolitik im 21. Jahrhundert. München. Wien 1996.

Janos, Andrew C.: East Central Europe in the Modern World. The Politics of the Borderlands From Pre- to Postcommunism. Stanford 2000.

Jelavich, Charles, and Jelavich, Barbara: The Establishment of the Balkan National States, 1804–1920. Seattle, London 1977 (= A History of East Central Europe 8).

Johnson, Lonnie R.: Central Europe. Enemies, Neighbors, Friends. New York, Oxford 1996.

Karpat, Kemal H.: Ottoman Population, 1830–1914. Demographic and Social Characteristics. Madison, Wisc. 1984.

Kaser, Karl: Südosteuropäische Geschichte und Geschichtswissenschaft. 2., völlig neu bearbeitete und aktualisierte Auflage. Wien, Köln, Weimar 2002.

Kiel, Machiel: Art and Society of Bulgaria in the Turkish Period, Van Gorcum, Assen/Maastricht 1985.

Koder, Johannes: Der Lebensraum der Byzantiner. Historisch-geographischer Abriß ihres mittelalterlichen Staates im östlichen Mittelmeerraum. Darmstadt 1984.

Lampe, John R., and Jackson, Marvin R.: Balkan Economic History, 1550–1950. From Imperial Borderlands to Developing Nations. Bloomington 1982.

Lory, Bernard: L'Europe balkanique de 1945 à nos jours. Paris 1996.

Mazower, Mark, Der Balkan. Berlin 2002.

McGowan, Bruce: Economic Life in Ottoman Europe. Taxation, Trade and the Struggle for Land, 1600–1800. Cambridge 1981.

Nationalbewegungen auf dem Balkan. Hg. Norbert Reiter. Berlin, Wiesbaden 1983 (= Balkanologische Veröffentlichungen 5).

Ostmitteleuropa zwischen den beiden Weltkriegen (1918–1939). Stärke und Schwäche der neuen Staaten, nationale Minderheiten. Hg.

Hans Lemberg. Marburg 1997 (= Tagungen zur Ostmitteleuropa-Forschung 3).

O'Sullivan, Donal: Stalins «cordon sanitaire». Die sowjetische Osteuropapolitik und die Reaktionen des Westens. 1939–1949. Paderborn 2003.

Palairet, Michael: The Balkan Economies c. 1800–1914. Evolution Without Development, Cambridge n. a. 1997 (= Cambridge studies in modern economic history 6).

Pavlowitch, Stevan: A History of the Balkans, 1804–1945. London, New York 1999.

Podskalsky, Gerhard: Griechische Theologie in der Zeit der Türkenherrschaft (1453–1821). Die Orthodoxie im Spannungsfeld der nachreformatorischen Konfessionen des Westens. München 1988.

Podskalsky, Gerhard: Theologische Literatur des Mittelalters in Bulgarien und Serbien 865–1459. München 2000.

Popovic, Alexandre: L'islam balkanique. Les Musulmans du Sud-est Européen dans la periode post-ottomane. Wiesbaden 1986 (= Balkanologische Veröffentlichungen 11).

Rothschild, Joseph: East central Europe between the Two World Wars. Seattle and London 1974 (= A History of East Central Europe 9).

Rothschild, Joseph: Return to Diversity: A Political History of East Central Europe since World War II. New York, London 1993.

Schödl, Günther (Hg.): Land an der Donau. Berlin 1995 (= Deutsche Geschichte im Osten Europas [6]).

Schramm, Gottfried: Ein Damm bricht. Die römische Donaugrenze und die Invasionen des 5.–7. Jahrhunderts im Lichte von Namen und Wörtern. München 1997 (= Südosteuropäische Arbeiten 100).

Seewann, Gerhard, Dippold Péter (Hgg.): Bibliographisches Handbuch der ethnischen Gruppen Südosteuropas. 2 Bände München 1997 (= Südosteuropa-Bibliographie. Ergänzungsband 3).

Stadtmüller, Georg: Geschichte Südosteuropas. 2. Auflage München 1976.

Stavrianos, Leften S.: The Balkans since 1453. New York 1958. Neuausgabe New York 2000.

Stavrianos, Leften S.: The Balkans 1815–1914. New York 1963.

Stoianovich, Traian: Balkan Worlds. The First and Last Europe. Armonk/NY. and London 1996.

Stoianovich, Traian: Between East and West. The Balkan and Mediterranean Worlds. 4 Bände. New Rochelle/NY. 1992–1995.

Stökl, Günther: Osteuropa und die Deutschen. Geschichte und Gegenwart einer spannungsreichen Nachbarschaft. Stuttgart 1967, ³1982.

Studienhandbuch Östliches Europa. Band 1. Geschichte Ostmittel- und Südosteuropas. Hg. Harald Roth. Köln, Weimar, Wien 1999.

Südosteuropa. Gesellschaft, Politik, Wirtschaft, Kultur. Ein Handbuch. Hg. Magarditsch Hatschikjan und Stefan Troebst. München 1999.

Sugar, Peter F.: Southeastern Europe under Ottoman Rule, 1304–1804. Seattle, London 1977 (= A History of East Central Europe 5).

Tausend Jahre Nachbarschaft. Deutsche in Südosteuropa. Hg. Gotthold Rohde. München 1981.

Teichova, Alice: Kleinstaaten im Spannungsfeld der Großmächte. Wirtschaft und Politik in Mittel- und Südosteuropa in der Zwischenkriegszeit. München 1988.

Todorov, Nikolai: The Balkan City, 1400–1900. Seattle, London 1983.

Todorova, Maria: Die Erfindung des Balkans. Europas bequemes Vorurteil. Darmstadt 1999.

Von der Agrar- zur Industriegesellschaft. Sozialer Wandel auf dem Lande in Südosteuropa. Hg. Franz Ronneberger, Gerhard Teich. Darmstadt 1970–1972.

Weithmann, Michael (Hg.): Der ruhelose Balkan. Die Konfliktregionen Südosteuropas. München 1993, ²1994 (= dtv Wissenschaft 4612).

Wolff, Robert L.: The Balkans in our Time. Cambridge/MA. 1956, erweiterte Auflage New York 1976.

Zernack, Klaus: Osteuropa. Eine Einführung in seine Geschichte. München 1977.

Südosteuropa am Anfang des 10. Jhds.

Die Balkanländer in der Mitte des 14. Jhds.

Die Balkanländer nach dem Berliner Kongreß (1878-1881)

Die gegenwärtige Staatenkarte Südosteuropas

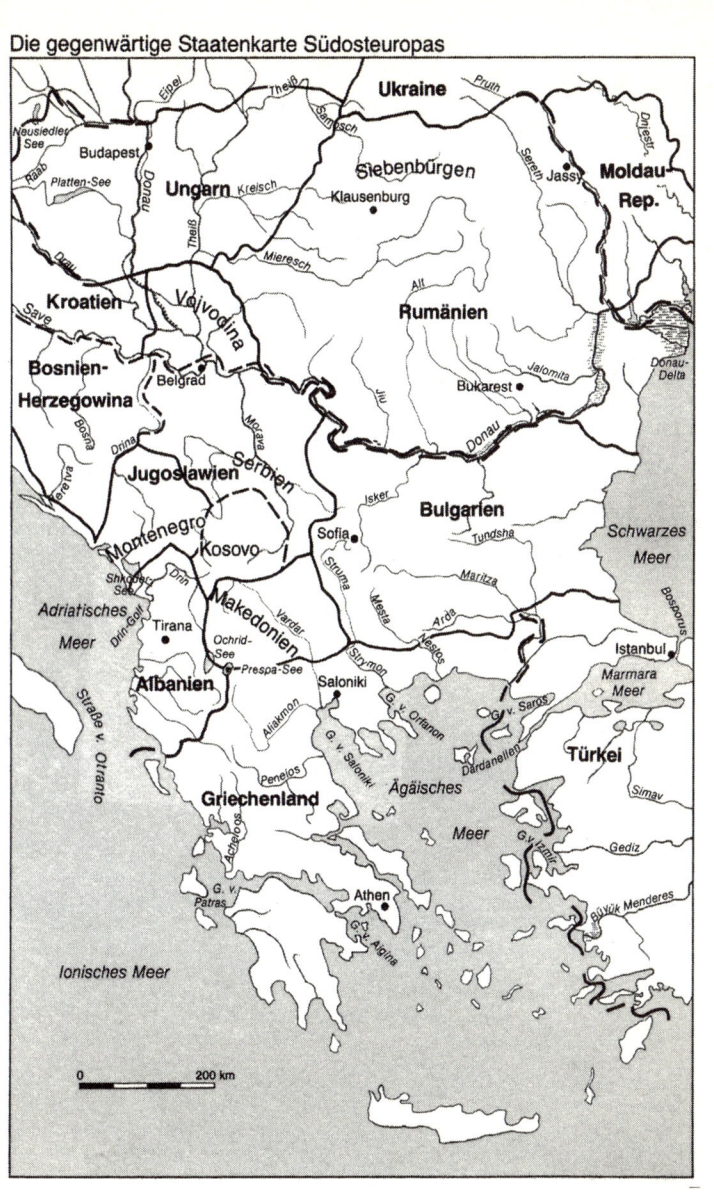

Personenregister

Aleksandar I. Karadjordjević, jugoslaw. König 69
Alexander der Große 28
Alexander I., russ. Zar 57, 67
Alexander, König von Jugoslawien 83
Allatios, Leon 38
Andreas II., ungar. König 21
Antonescu, Ion, rumän. Marschall 83
Arkudios, Petros 38
Arsenije III. Crnojević, Patriarch von Peč 18
Balduin I. von Flandern 32
Barthou, Jean Louis, franz. Außenminister 69
Basileios II., byzantin. Kaiser 43
Beneš, Eduard, Präsident der Tschechoslowakei 77
Bernath, Mathias 31
Beron, Petr 56
Bismarck, Fürst Otto von, Reichskanzler 54
Brešnev, Leonid, sowjet. Staatspräsident 89
Brîncoveanu, Constantin, Fürst von der Walachai 106 f.
Burebista, Dakerkönig 40
Calvin, Johannes 27
Ceauşescu, Elena 91
Ceauşescu, Nicolae, rumän. Staatspräsident 91
Cesarini, Julian, Kardinal 44
Chruščev, Nikita S., sowjet. Staatspräsident 88 f.
Churchill, Sir Winston, engl. Premierminister 74
Clemenceau, Georges Benjamin, franz. Politiker 75
Codreanu, Corneliu Zelea 85
Corvinus, Matthias 108
Cuza, Alexandru Ioan, Fürst der Moldau und Walachai 59
Cvijić, Jovan 103

Dalmatin, Antun 107
Dalmatinac, Juraj 108
Dandolo, Anna, Gemahlin von Stefan dem Erstgekrönten 104
Dandolo, Enrico, venezian. Doge 104
Danilo I. Petrović Njegoš 59
Dávid, Ferenc 107
Dévai, Mátyás Biró 107
Djindjić, Dr. Zoran, serb. Ministerpräsident 69, 93
Dragutin, Enkel von Uroš I. von Serbien 105
Držić, D?ore 108
Držić, Marin 108
Düringsfeld, Ida von 103
Eugen, Prinz von Savoyen 51
Farkas, Julius von 24
Ferdinand, König von Böhmen und Ungarn 50
Fortis, Alberto 109
Franz Ferdinand, österreich. Erzherzog 73
Frashëri, Sami Bey 55
Gaj, Ljudevit 56
Garašanin, Ilija 58
Geiss, Immanuel 99
George, David Lloyd, brit. Premierminister 75
Georgios I., griech. König 68
Gisela, Arpadenherrscherin, Gemahlin von Stephan dem Heiligen 36
Goethe, Johann Wolfgang von 109
Gorbačev, Michail, sowjet. Staatspräsident 89
Gorčakov, Aleksandr M., russ. Außenminister 54
El Greco (Dominikos Theotokopulos) 108
Gregor VIII., Papst 38, 101
Grimm, Jakob Ludwig Karl 109
Grimm, Wilhelm Karl 109
Guiskard, Robert 32
Gundulić, Ivan 108

Personenregister

Halecki, Oskar 26, 100
Hayreddin, Mimar 111
Heinrich, Herzog von Baiern 36
Helena, Prinzessin von Anjou 105
Herakleios, byzantin. Kaiser 42
Herder, Johann Gottfried von 55, 109
Hitler, Adolf 84, 85
Hobsbawm, Eric 99
Hórthy, Miklós, ungar. Reichsverweser 80, 82 f., 85
Hoxha, Enver 88
Huntington, Samuel P. 9, 99 f.
Ibrahim Pascha 57
Illyricus, Matthias Flacius (Matija Ilirik Vlačić) 107
Innozenz III., Papst 29
Iorga, Nicolae 106
Ivan Asen II., asenid. Herrscher 40, 43
Jackson, Marvin 22
Jakob-Robinson, Therese Albertine Luise von 110
Jászi, Oszkár, ungar. Nationalitätenminister 77
Johann (Jan) III. Sobieski, König von Polen 51
Joseph II., österreich. Kaiser 53
Justinian, byzantin. Kaiser 31
Kapodistrias, Ioannis, stellvertretender russ. Außenminister, griech. Präsident 67f.
Karadjordje (Schwarzer Georg), eigentl. Djordje Petrović, Serbenführer 57, 68
Karadžić, Stefanović Vuk 56, 109
Karl IV., König von Ungarn (zuvor Karl I., Kaiser von Österreich) 82
Karl V., Kaiser 50
Karl, Herzog von Lothringen 51
Karl, österreich. Erzherzog 50
Karyophylles, Johannes Matthaios 38
Kaser, Karl 31, 50
Kastriota, Georg, genannt Skanderbeg 41
Katharina II., russ. Zarin 18, 53, 62
Kiselev, Graf Pavel D., General 65
Klein/Micu/Clain, Samuil 55 f.
Koder, Johannes 17
Koloman, König von Ungarn 42
Konstantin II., griech. König 70
Konstantin VII. Porphyrogennetos, byzantin. Kaiser 42

Konstantin XII., byzantin. Kaiser 33
Konstantin, Enkel von Katharina II. 53
Konzul, Stjepan 107
Kopitar, Bartholomäus/Jernèj 56
Köprülü, Großwesirsfamilie 46
Korais, Adamantios 55 f.
Korydaleus, Theophilos, Metropolit von Arta und Naupaktos 38
Kossuth, Lajos/Ludwig 59
Kostov, Trajčo 88
Kun, Béla 79
Kyrillos (Konstantin), Slawenlehrer 36
Lazar Hrebeljanović, serb. Fürst 105
Lebedev, Aleksandr, russ. General 91
Leopold I., österrreich. Kaiser 18, 52
Luca, Vasile 88
Ludwig I., bayer. König 58
Ludwig II., König von Böhmen und Ungarn 49
Ludwig Wilhelm I., bad. Markgraf 51
Lukaris, Kyrillos, Patriarch von Konstantinopel 38
Luther, Martin 27, 107
Margunios, Maximos, Metropolit von Kythera 38
Masaryk, Tomaš Garrigue, Staatspräsident der Tschechoslowakei 74
Matl, Josef 25
Maurer, Georg Ludwig von 65
Max Emanuel, bayer. Kurfürst 51
Mehmed Ali Pascha Kavalalı, osman. Statthalter 57
Mehmed Sokollu, Großwesir 46 f.
Melanchthon, Philipp 107
Meletios Pegas, Patriarch von Alexandrien 38
Metaxas, Ioannis, griech. General 69, 83
Methodios, Slawenlehrer 36
Metternich, Fürst Clemens Lothar Wenzel von, österreich. Staatskanzler 53, 57, 59, 62
Michael der Tapfere, Fürst der Walachai 49
Michael VIII 32
Mica, Samuil 55 f.
Milicia, serb. Fürstin 105
Milošević, Slobodan, jugoslaw. Präsident 93, 96

Mircea der Alte, Fürst der Walachai 40, 45
Mohammed II., Herrscher von Konstantinopel 33
Morosini, Francesco 51
Mussolini, Benito, italien. Ministerpräsident 84
Mustafa, Großwesir 51
Obradović, Dositej 55
Obrenović, Aleksandar 69
Obrenović, Mihailo 69
Obrenović, Miloš 58
Otto I., König von Griechenland 58, 64 f., 69
Paisij, Otec 55
Pashko, Vasa 55
Pašić, Nikola 70
Pâtrâşcanu, Lucreţiu 88
Pauker, Ana 88
Pavelić, Ante 84
Peter, bulgar. Herrscher 43
Peyfuss, Max D. 107
Princip, Gavrilo 73
Pückler-Muskau, Hermann von 103
Radić, Stjepan 71
Raijk, László 88
Rákóczi, Ferenc/Franz, ungar. Graf 52
Rastislav 36
Rilski, Neofit 56
Sava, Erzbischof 37
Savonarola 38
Schacht, Hjalmar 83
Schramm, Gottfried 31
Severos, Gabriel, Metropolit von Philadelphia 38
Simeon, Chan 40
Şincai, Gheorghe 56
Skanderbeg, siehe Kastriota, Georg
Sophie Chotek von Chotkowa und Wognin, Gräfin 73
Stadtmüller, Georg 31
Stalin, Josef 85 f.
Stambolijski, Aleksandâr 71, 79
Stambolov, Stefan 71
Stefan der Erstgekrönte, Nemanjidenherrscher 36, 104
Stefan der Große 40, 105
Stefan Dušan, Zar der Serben und Griechen 33, 43 f.

Stefan III. der Große, Fürst der Moldau 49
Stefan Uroš II. Milutin, König von Serbien 105
Stefan Uroš IV Dušan, Zar von Serbien 41
Stefan Vojislav, serb. Fürst 43
Stephan der Heilige, Arpadenherrscher 36
Syrigos, Meletios 38
Szálasi, Férenc 85
Széchenyi, Stephan, ungar. Graf. 55
Theodoros Angelos, epirot. Herrscher 43
Theotokopulos, Dominikos, siehe El Greco
Thiersch, Friedrich Wilhelm 67
Thököly, Imre/Emmerich, ungar. Graf 52
Tito, Josip Broz, jugoslaw. Staatspräsident 86, 88, 93
Todorova, Maria 9
Tökés, László 91
Tomislav, kroat. König 41 f.
Trivolis, Michael (Maksim Grek) 38
Truber, Primus (Primož Trubar) 107
Truman, Harry S., amerik. Präsident 87
Trumbić, Ante 70
Ungnad von Weißenwolf, Hans 107
Uroš I., König von Serbien 104
Venizelos, Eleftherios 69 f., 74
Vladimirescu, Tudor 68
Vladislav III., König von Ungarn und Polen 44
Wesselényi, Ferenc/Franz, ungar. Graf 52
Wied, Wilhelm Prinz zu 61, 64
Wilson, Thomas Woodrow, amerik. Präsident 75
Xoxe, Koçi 88
Ypsilantis, Alexandros 68
Zeune, August 8
Živkov, Todor, bulgar. Staatschef 91
Zogu, Ahmed 82 f.
Zrínyi, Miklós/Nikolaus, ungar. Graf 52
Zrínyi, Péter, ungar. Graf 52